JN494532

특별한 영유아

모노그래프 시리즈 4호

Assessment: Gathering Meaningful Information

의미 있는 정보를 수집하는 진단평가

Michaelene Ostrosky · Eva Horn 편저

백유순 · 김진희 공역

학지사

Assessment: Gathering Meaningful Information
by Michaelene Ostrosky, Eva Horn

Korean Translation Copyright © **2011** by Hakjisa Publisher, Inc.
The Korean translation rights Published by arranged with
Division for Early Childhood

Copyright © 2002 by the Division for Early Childhood of the Council
for Exceptional Children
All rights reserved.

본 저작물의 한국어판 저작권은
Division for Early Childhood와의 독점계약으로 (주)학지사가 소유합니다.
저작권법에 의해 한국 내에서 보호를 받는 저작물이므로
무단 전재와 무단 복제를 금합니다.

원저 *Young Exceptional Children(YEC) Monograph Series*는 특수아동협회 유아교육분과[The Division for Early Childhood(DEC) of the Council for Exceptional Children(CEC)]의 출판물 중 하나로서 1999년부터 출간되기 시작하였습니다. 모노그래프란 특정 주제에 관한 상세하고 실증적인 논문들을 모은 것이라고 할 수 있는데, YEC 모노그래프 시리즈는 장애가 있거나 발달이 지체된 아동, 영재아동, 발달이 지체될 위험이 있는 아동, 학교생활에 어려움이 예상되는 아동 등 0~8세 사이의 아동을 대상으로 일하는 교사, 유아교육(보육) 종사자, 행정가, 치료사, 가족 구성원 등을 위하여 기획되었습니다. 시리즈 각 호는 조기중재 및 유아특수교육 분야의 중요한 주제를 다루며 실제(practices)에 직접적인 도움이 되는 내용으로 구성되었습니다. 근거 중심(evidence-based)의 연구결과를 전문가와 가족에게 효과적이고 유용한 전략으로 바꾸어 소개하는 것이 모노그래프 시리즈의 주요 목표 중 하나라고 할 수 있습니다. 따라서 시리즈에 수록된 글들은 탄탄한 이론 혹은 연구 기반을 갖고 있으며, 또한 광범위한 독자층을 고려하여 읽기 쉽게 쓰여 있습니다.

YEC 모노그래프 각 시리즈에서 다루는 주제는 도전적 행동에 대처하는 실제적 아이디어(1호), 자연적 환경과 통합(2호), 유아의 발달을 지원하는 교수전략(3호), 의미 있는 정보를 수집하는 진단평가(4호), 가족 기반의 실제(5호), 학제간의 팀들(6호), 초기 문식성 발달 지원(7호), 사회 · 정서 발달(8호), 아동 및 가족 성과와 교육과정의 연결(9호), 조기중재의 실제와 성과(10호)입니다.

역자들은 Young Exceptional Children을 '특수유아'가 아닌 '특별한 영유아'라고 번역하였는데, '특수유아'라는 표현이 혹여 유아들을 동질집단화하지 않을까 하는 우려 때문이었습니다. 그래서 서로 다른 발달을 보이는 개별 영유아에게 초점을 맞추는 의미에서 '특별한 영유아'로 번역하였음을 밝힙니다.

특별한 영유아 모노그래프 시리즈의 번역은 여러 사람의 노력과 지원이 없었으면 불가능하였습니다. 번역계획은 2006년 가을 미국 아칸소(Arkansas) 주 리틀락(Little Rock)에서 열린 DEC 콘퍼런스에서 시작되었습니다. 당시 DEC 다문화 활동위원회(Multicultural Activities Committee)의 위원장으로 활동하고 있던 브래들리 대학교 이화(Hwa Lee) 교수의 적극적인 추천과 지원으로 모노그래프 시리즈를 한국어로 번역 출간하는 것에 대해 DEC 회장단으로부터 매우 긍정적인 답변을 들었습니다. 그러나 DEC의 출판물을 외국에서 번역 출판하는 작업이 전무하였던 관계로 실제 계약까지의 진행은 매우 더디게 이루어졌습니다. 하지만 그 시간 동안 포기하지 않게 역자들을 믿어 준 분이 있는데, 그분들께 감사를 드립니다. 특히 계속적으로 관심을 가지고 국내에서 번역 출간이 되도록 적극적인 지원을 아끼지 않은 이화 교수께 감사의 말씀을 드립니다. 그리고 한국에서의 출간을 지지하고 신뢰해 준 DEC 회장단을 비롯한 관계자들에게 감사의 마음을 전합니다. 또한 이 책이 나오도록 애써 주신 학지사의 김진환 사장님과 직원 여러분께 감사를 드리며, 마지막으로 언제나 든든하게 힘이 되어 주는 사랑하는 가족에게 고마움을 전합니다.

2011년

역자 일동

편·저·자·서·문

특별한 영유아 모노그래프 시리즈 4호의 발간을 축하합니다. 이번 호에서 우리는 장애유아 등 특수교육 요구 유아의 진단평가 주제에 초점을 맞추고 있습니다. 이 모노그래프에 실린 논문들은 『조기중재 및 유아특수교육의 DEC 추천 실제(DEC Recommended Practices in Early Intervention/Early Childhood Special Education)』(Sandall, McLean, & Smith, 2000)의 제2장(Neisworth & Bagnato, 2000)에서 설명하는 실제를 강조하고 있습니다. Bagnato와 Neisworth(1991)는 유아진단평가를 "…… 부모와 전문가 팀이 유아와 가족의 변화하는 발달적, 교육적, 의료적, 정신건강의 요구에 대해 반복적으로 결정을 바꾸고 합의에 도달하는 융통성 있고 협력적인 의사결정 과정"(p. xi)이라고 정의 내렸습니다. DEC 추천 실제는 ① 전문가와 가족의 협력, ② 개별화된 적절한 진단평가, ③ 유용한 정보, ④ 정보의 상호존중적인 공유, ⑤ 추천실제 지침뿐만 아니라 법적, 절차적 요구의 충족을 강조하고 있습니다. 또한 실제는 가족이 진단평가의 파트너이며 진단평가 정보의 수집과 해석은 반드시 발달에 적합해야 한다는 생각을 바탕으로 합니다. 이 모노그래프의 논문들은 이러한 진단평가 실제를 바탕으로 독자들에게 유아교육 현장에서 진단평가를 실시할 때 의미 있는 정보의 수집에 대한 부가적인 정보와 아이디어를 제공합니다.

Boone과 Crais가 쓴 첫 번째 논문은 진단평가 과정에서의 협력의 중요성을 강조하고 있습니다. 특히 이 논문의 특징은 가족 구성원이 자녀의 진단평가와 중재 계획의 모든 측면에 참여해야 한다는 것에 초점을 두고 있습니다. 제목에 나타난 것처럼, 이 논문은 임상가들이 모든 유아의 협력적 팀 진단을 지원하기 위해 사용할 수 있는 구체적인 전략을 제공합니다.

유아기 성장과 발달 측정연구소(Early Childhood Research Institute on Measuring Growth and Development: ECRI-MGD)의 Carta와 동료들은 임상가들이 유아의 긍정적인 발달적 성과를 촉진하는 의미 있고 즉각적으로 유용한 기술에 중재의 초점을 맞출 것을 강조합니다. 일반적 목표 측정(GOM) 접근은 다른 교육 분야에서 유아의 진도를 점검하는 데 20년 이상 사용되어 왔습니다(Deno, 1997). 그들의 유아교육용 판은 교사들이 적절하고 의미 있는 '일반적 목표'를 확인하고 목표에 대한 아동의 진전을 점검하는, 중요하면서도 지속적인 모든 과정이 포함되어 있으며 이 절차를 실행하도록 돕습니다.

Christensen, Mandell, Davis는 개별적이고 적절하며 의미 있는 정보의 수집이라는 주제를 유지하면서 초점을 중복 중증의 장애아동에게 맞췄습니다. 그들은 강점 중심의 관점과 철학을 바탕으로 한 접근을 설명하고 있습니다. 개별화 학습 프로파일(Individualized Learning Profile: ILP)의 일부로 저자들은 세 가지의 진단평가 정보 수집 방법과 다섯 가지 수집된 정보의 유형을 제시합니다. 아동이 어떻게 학습하고 환경과 상호작용하는지에 대한 이해의 중요성은 이 논문의 기본 전제입니다. 아울러 이 철학을 더욱 발전시켜 네 번째 논문에서 McCormick과 Noonan은 생태학적 진단평가와 계획 과정을 설명하고, 행동은 맥락을 고려하지 않고는 이해할 수 없다는 점을 강조하였습니다.

Burton과 Watkins의 논문의 초점은 역동적 진단으로, 수행보다는 과정을 강조합니다. 두 가지 역동적 진단평가의 형식인 검사-교수-재검사와 역동적인 단서가 이 논문에서 소개되고 있습니다. 독자들은 이러한 사실을 통해 역동적 진단평가가 어떻게 아동의 능력과 발달에 정보를 제공하는지 이해할 수 있습니다.

McLean은 너무 급하게 유아를 진단평가하기 전에 잠시 숨을 고르며 숙고할 것을 제안합니다. 특히 그녀는 독자들에게 문화적 · 언어적으로 다양한 배경을 가진 유아의 진단평가는 '일상적인 것'이 아님을 상기시키고 있습니다. 그녀는 특히 아동의 특수교육 서비스의 과소, 또는 과대 판별을 막기 위한 최초의 진단평가 의뢰 전 과정을 포함한 진단평가 과정의 실행을 위한 문화적 · 언어적으로 적절한 전략을 제공했습니다.

Lynch와 Struewing은 포트폴리오 진단에서 '맥락 내에서 아동'을 진단하는 것의 중요성을 강조하고 있습니다. 그들은 아동의 학습과 발달을 점검하는 데 포트폴리오 진단의 가치를 강력히 논하고 있습니다. 그들은 논문의 시작에서부터 정보수집의 '기본적이고 실제적인 사항'을 독자에게 제공하고 있습니다. 게다가 다양한 사실에 근거한 사례들과 제안을 통해 임상가들을 위한 포트폴리오 진단이 어떻게 실행되는지에 대해서도 자세한 정보를 제공해 줍니다.

마지막으로 Rous와 Hallam은 유아교육환경에서 학교환경으로의 전이를 위한 아동과 가족의 준비의 중요성을 논의했습니다. 그들은 3~6세 유아의 기능적, 사회적, 행동적 기술을 평가하는 데 사용할 수 있는 도구를 설명하고 있습니다. 독자들은 이러한 중요한 기술의 발달을 촉진하는 데 도움이 되는 정보들을 얻을 수 있습니다.

우리는 독자들이 이 모노그래프의 논문들을 읽으면서 자신의 현재 진단평가 실제를 반영하고 평가하는 계기가 되기를 바랍니다. 또한 독자들이 스스로 "이건 내가 하고 있는 거야." "한번 시도해 봐야지."라고 생각하길 바랍니다. 뿐만 아니라 진단평가에 도움이 될 만한 자원들에서 Camille Catlett이 설명한 자원들을 고려하면서 독자들이 유아교육에서 진단평가 정보의 수집, 공유, 활용에 도움이 될 만한 새로운 자료를 찾기 바랍니다.

이 특별한 영유아 모노그래프 시리즈의 4호를 위해 수고하신 저자들과 검토자들에게도 감사의 인사를 전합니다.

검토자로 수고하신 분들

Janet Bates, University of Kansas

Ann Bingham, University of Nevada-Reno

Patti Blasco, Portland State University

Elizabeth Borreca, University of St. Thomas, Houston, TX.

William H. Brown, University of South Carolina.

Virginia Buysee, University of North Carolina at Chapel Hill

Lynette Chandler, Northern Illinois University

Kevin Cole, Washington Research Institute, Seattle, WA

Elizabeth Delaney, University of Illinois at Chicago

Janice Fialka, Huntington Woods, MI

Linda Frederick, University of Colorado at Denver

Lise Fox, University of South Florida

Ann Garfinkle, Vanderbilt University

Francis Glascoe, Vanderbilt University

Kristen Greene, University of North Carolina at Chapel Hill

Jennifer Grisham-Brown, University of Kentucky

Moniqueka Gold, Austin Peay State University, Clarksville, TN

Misty Goosen, University of Kansas

Sarah Hadden, University of Wisconsin-Eau Claire

Ann Hains, University of Wisconsin-Milwaukee

Amy Harris-Solomon, Easter Seals Tennessee, Nashville, TN

Joan Houghton, University of Kansas

Jennifer Hurley, University of Kansas

Ronda Jenson, University of Kansas

Hazel Jones, University of Florida

Gail Joseph, University of Colorado at Denver

Toni Ledet, Arkansas' University Center on Disabilities

Chris Marvin, University of Nebraska-Lincoln

Susan Maude, Loras College, Dubuque, IA

Rebecca McCathren, University of Missouri

Mary McLean, University of Wisconsin-Milwaukee

Linda Mitchell, Wichita State University, Kansas

Leslie Munson, Portland State University

Sam Odom, University of Indiana

Missy Olive, University of Texas

Susan Palmer, University of Kansas

Carla Peterson, Iowa State University

Kristi Pretti-Frontczak, Kent State University

Heraldo Richards, Austin Peay State University, Clarksville, TN

Beth Rous, University of Kentucky

Susan Sandall, University of Washington

Rosa Milagros Santos, University of Illinois, Urbana-Champaign

Hannah Schertz, University of Indiana

Barbara Smith, University of Colorado at Denver

Sean Smith, University of Kansas

Patricia Snyder, Louisiana State University Health Sciences Center

Vicki Turbiville, University of Kansas

Mike Wischnowski, University of Rochester

Mark Wolery, Vanderbilt University

Barbara Wolfe, St. Thomas University, Minneapolis, MN

Shih Hua Yang, University of Kansas

참고문헌

Bagnato, S. J., & Neisworth, J. T. (1991). *Assessment of early intervention: Best practices for professionals*. New York:

Guilford.

Deno, S. (1997). Whether thou goest... Perspectives on progress monitoring. In J. W. Lloyd, E. J. Kameenui, & D. Chard (Eds.), *Issues in educating students with disabilities* (pp. 77-99). Mahwah, NJ: Erlbaum.

Neisworth, J. T., & Bagnato, S. J. (2000). Recommended practices in assessment. In S. Sandall, M. E. McLean, & B. J. Smith, (Eds.). *DEC recommended practices in early intervention/early childhood special education* (pp. 17-27). Longmont, CO: Sopris West.

Sandall, S., McLean, M., & Smith, B. J. (2000). *DEC recommended practices in early intervention/early childhood special education.* Longmont, CO: Sopris West.

공동 편저자: Michaelene Ostrosky(ostrosky@uiuc.edu)

Eva Horn(evahorn@ukans.edu)

차 · 례

가족 주도의 진단과 중재계획을 성취하기 위한 전략

Harriet A. Boone, Ph.D., University of North Carolina at Chapel Hill
Elizabeth Crais, Ph.D., CCC-SP, University of North Carolina at Chapel Hill

자녀를 위한 교육계획에 부모가 참여하는 것은 20년 이상 지지를 받고 있다. 1975년에 제정된 공법(Public Law) 94-142는 자녀의 교육계획에 부모의 능동적이고 동등한 참여를 지지하고 있다. 그러나 개별화교육계획(Individualized Education Planning: IEP)의 과정에 대한 연구는 전반적으로 부모가 자녀의 교육계획에서 능동적인 역할을 부여받지 못하고 있음을 지적하였다(Gallagher & Desimone, 1995). 1997년의 「장애인교육법(Individuals with Disabilities Education Act: IDEA)」은 전문가들에게 그들의 실제를 변화시킬 자극제를 부여하였고, 부모들이 개별화가족서비스계획(Individualized Family Service Plan: IFSP)을 통해 자녀들을 위한 결정권자이며 옹호자로서 부모의 역할을 강화하도록 하였다. IDEA는 중재과정에 부모를 참여시킬 것을 분명하게 명시하였다. 최근의 연구결과들에서(Mahoney & Filer, 1996; Roberts, Akers, & Behl, 1996) 프로그램들이 가족중심 접근을 서비스 제공 모델로 적용하고 있다고 제안하고 있으나, 많은 프로그램들은 여전히 가족들에게 의미 있는 선택권을 미미하게 제공하고 있으며 전체 의사결정에서 극히 제한적인 역할만을 허용할 뿐이다(Crais & Wilson, 1996; Lesar Judge, 1997; Mahoney, O'Sullivan, & Dennebaum, 1990; McBride, Brotherson, Joanning, Whiddon, & Demmit, 1993).

분명한 것은 부모는 자녀의 삶에 지속적이고 핵심적인 역할을 한다는 것이다(Kjerland & Kovach, 1990). 부모는 일반적으로 가장 신뢰할 만한 존재이며, 자녀와 가장 많은 접촉을 한다. 또한 부모는 자녀를 가장 잘 알고 있다. 실제로 부모는 자녀의 발달에 대해, 특히 자녀가 현재 보이고 있는 행동에 대한 판단을 요청받았을 때, 정확하게 평가를 내린다는 사실이 여러 연구에서 증명되었다(Bricker & Squires, 1989; Diamond & Squires, 1993; Henderson & Meisels, 1994). IDEA에서 강조되고 연구결과에서 입증된 가족중심 실제를 성취하기 위하여, 전문가는 부모가 자녀를 위한 정보에 기초한 의사결정자가 될 수 있도록 부모와 능동적으로 협력하여야 한다. 이러한 협력 유형을 촉진하기 위하여 본 논문에서는 진단 전 계획, 진단, 진단 결과의 공유, 정보에 기초한 가족 중심의 중재계획 절차로 하기 위한 전략을 설명할 것이다. 또한 서로 다른 선호와 스타일을 보이는 두 가족의 사례를 통해 진단과 중재계획에 가족을 참여시키는 전략의 맥락을 설명한다.

협력적 진단 전 계획

부모와 아동은 다양한 경로를 통해 조기중재 서비스 체계에 들어온다. 예를 들어, 부모가 자녀를 서비스에 의뢰하거나, 가족 주치의나 보육교사가 의뢰를 할 수도 있다. 아동과 가족이 어떻게 체계에 들어오든지, 절차에서 중요한 단계는 진단의 유형이다. 진단은 가족이 조기중재와의 첫 만남이 될 수 있기 때문에 이 단계에서부터 의사결정을 시작하는 것이 매우 중요하다. 전문가가 부모를 자녀를 가장 잘 아는 사람으로 여기며, 아동의 의미 있는 진단을 계획하는 데 부모의 도움이 필요함을 깨닫는 데서부터 시작된다. 가족과의 진단 전 계획은 조기협력을 이루는 하나의 수단이 될 수 있다(Crais, 1996b; Kjerland & Kovach, 1990). 다음의 사례는 일련의 진단 전 활동을 통해 가족이 아동의 첫 진단에 능동적으로 참여하게 되는 경우이다.

제이미는 20개월이며 자신의 요구나 양육자의 관심을 얻기 위한 요구를 표현할 때 "아."라고 주로 말하는 표현 언어가 제한된 유아이다. 제이미의 보육교사와 소아과 의사는 이 문제에 대해 엄마와 상의하였고 조기중재 프로그램에서 진단받을 수 있는 방법을 찾아보았다. 제이미의 엄마는 프로그램의 전문가가 진단절차, 진단목적과 단계를 설명하고 부모가 참여할 수 있는 여러 가지 선택권을 주기 위해 전화를 했을 때 기뻤다. 실제 진단이 이루어지기 전에 진단절차에 관한 문서화된 정보, 아동의 발달력 양식, 발달 질문지가 제이미 엄마에게 전달되었고 엄마는 답을 해서 반송하였다. 전문가는 추후 전화를 걸어 부가적인 질문이 있는지 확인하며 엄마의 질문에 답하였고 회의 날짜와 시간을 정하였다. 선택권이 주어졌을 때, 제이미의 엄마는 집이 제이미에게 더 편안한 장소라고 판단하여 진단 팀이 집에 와 달라고 요청하였다. 이렇듯 진단은 질문에 대한 피드백과 부모의 참여 결정에 따라 계획이 세워졌다.

진단 전 계획은 두 가지 목적을 가지고 있다. 첫 번째는 가족을 조기중재 체계에 소개하는 것이다. 부모는 왜 진단이 필요한지, 어떤 정보들을 수집하는지, 누가 어떻게 정보에 접근할 것인지, 정보를 어떻게 사용하는지(예: 아동이 서비스의 대상인지 결정하기 위해, 아동의 교육 프로그램을 개발하는 데 도움이 되기 위해) 이해할 필요가 있다. 부모들은 매우 사적인 정보, 때로 자녀와 가족에게 민감한 세부사항을 제공하기 때문에 이것이 부모가 진단을 시작할 때 알아 두어야 할 기본 정보다. 진단 전 절차의 두 번째 목적은 부모가 자녀의 발달과 자신들의 염려사항들을 말하고 앞으로 진행될 진단에 관한 자신들의 선호를 표현하기 위한 것이다. 부모가 주로 염려하는 것을 확인하고, 진단을 통해 얻기를 원하는 것을 확인하고, 진단절차에서의 선택권을 제공하는 것이 이 첫 단계에서 할 일들이다.

전통적인 '약점' 중심의 대화를 시작하기보다 부모에게 자녀에 대해 그리고 자녀의 강점을 설명해 달라고 하는 것이 도움이 된다. 이때 사용할 수 있는 질문들은 다음과 같다. "자녀가 정말 좋아하고 즐기는 것은 무엇입니까?" "자녀가 잘하는 것은 무엇입니까?" "자녀가 배우기를 바라는 것이나 다르게 할 수 있기를 바라는 것이 있습니까?" "자녀에 관해 어떤 질문이나 염려사항이 있습니까?" (Crais, 1996a; Kjerland & Kovach, 1990). 이러한 개방형 질문들은 전문가들이 부모가 가진 염려와 우선순위를 이해하는 데 도움이 된다. '가족 관심사 조사(Bricker, 1993)'와 '하와이 조기학습 프로파일 가족중심 면담(Parks, 1994)'과 같은 시판되는 질문지도 있다.

개방형 질문을 사용하든 상업용 질문지를 사용하든 간에 아동의 관심과 흥미, 아동의 강점을 파악하는 것은 중요한 일이며, 이에 대한 진단을 계획해 적용해야 한다. 제이미의 경우, 전문가는 제이미의 엄마가 주 양육자이며 애착의 대상임을 알았다. 따라서 진단하는 동안 엄마가 함께 있음으로써 제이미는 평상시의 행동을 가장 잘 보일 것으로 여겨졌다. 제이미의 엄마는 또한 제이미가 잘 할 수 있도록 하는 장난감이나 과제(예: 제이미는 책과 비눗방울을 좋아한다)를 파악하는 데 도움을 주었다. 또한 진단 동안 사용하기로 한 과제의 순서에 대해 물었을 때, 엄마는 어느 과제를 먼저 하고 어느 과제를 나중에 해야 하는지를 알고 있었다(예: 블록이나 손으로 조작해야 하는 것들에 제이미가 매우 당황하므로 이것들은 마지막에 하는 것이 좋겠다.). 따라서 부모는 진단계획을 개발하는 데 진단 팀과 긴밀하게 협조하고 자녀에 대한 자신의 지식을 개별화된 진단을 계획하는 데 이용할 수 있다(Kjerland & Kovach, 1990).

가족주도의 진단

진단 동안 부모들이 선택할 수 있는 참여 형태를 이해할 수 있도록 가능한 역할들을 설명하는 것이 바람직하다. 부모들이 고려할 수 있는 좀 더 능동적인 참여에서부터 덜 능동적인 역할까지 일련의 역할이 있다(Bailey, MaWilliam, Winton, & Simeonsson, 1992; Crais, 1993). 덜 능동적인 역할은 부모가 무엇인가를 하기보다는 관찰하고 듣는 역할을 할 수 있다. 어떤 부모들은 이런 역할을 선호하는데, 특히 시작 초기에 전문가의 기대수준을 확실히 알지 못할 때 그렇다. 좀 더 능동적인 참여를 하는 부모 역할은 자녀의 현재 기술을 설명하거나 부모가 자녀에게 특정 행동을 수행하도록 어떻게 하는지를 보여 준다. 제이미의 경우, 엄마는 제이미의 비구어적 의사소통 행동을 해석하고, 그의 의사소통 기술을 촉진하기 위한 전략을 배우기 위해 진단에 보다 능동적으로 참여하기를 원하였다. 엄마가 전문가 팀과 함께 놀이와 의사소통 행동을 끌어내는 것을 도와주어 제이미의 진단은 제이미네 집 부엌에서 끝났다. 전문가들은 엄마에게 제이미에게 특정한 사물을 요구하도록 하였고, 특정 놀이 행동에 참여하도록 시도할 것을 부탁했다.

진단에 부모가 능동적인 참여를 하는 좋은 예는 초학문적 놀이 중심 평가 모델에서 찾을 수 있는데 이때 부모는 진단활동에 관찰과 참여를 동시에 한다(Linder, 1993). 이 모델은 가족 촉진자를 포함하는데, 가족 촉진자의 역할은 부모에게 원형의 놀이 중심 진단을 설명해 주고 아동의 행동에 관한 부모의 부가적인 의견을 받는 것이다. 이러한 형식에서 부모는 아동으로부터 어떤 특정 행동을 가장 잘 이끌어 낼 수 있는지 진단 팀에 제안할 수 있다. 다른 전략으로는 부모들에게 'ASQ(Ages and Stages Questionnaire)' (Bricker, Squires, & Mounts, 1995), 'AEPS (Assessment, Evaluation, and Programming System, Bricker, 1993)의 가족 보고' '맥아더 의사소통 발달 도구(MacArthur Communicative Development Inventories, Fenson et al., 1993)'와 같은 발달 체크리스트를 완성하게 하는 것이다. 몇몇 중재 프로그램은 인지, 의사소통, 사회, 운동, 적응 등 다섯 가지 주요 발달 영역에서의 자녀의 발달에 관한 비형식적 질문지에 부모가 답하도록 하고 있다. 부모는 이러한 영역에서 자녀의 기술, 부모가 가진 염려, 6개월~1년 동안 이 영역에서 자녀가 무엇을 하기를 바라는지 등에 대해 의견을 제시한다. 〈표 1〉에 그 예가 제시되었다. 진단에 부모를 포함하는 다른 방법으로 일과중심 접근(McWilliam, 1992)이나 활동중심접근(Bricker, Pretti-Frontczak, & McComas, 1998; Bricker & Woods-Cripe, 1992)이 있다. 이 전략은 가족이나 양육자가 아동의 매일의 일과와 참여 수준, 각 일과에서의 발달적 요구를 상세히 설명하도록 한다. 'HELP(Furano et al., 1979)'와 같은 발달적 체크리스트는 부모가 매일의 일과에서 자녀의 참여를 설명하고 평가하는 양식을 제공한다. 다음 사례는 엄마가 자녀의 진단에 참여하는 데 사용한 일과 중심의 진단전략을 설명하고 있다.

윌은 두 살 반으로 엄마와 10대인 누나와 함께 살고 있다. 윌은 자동차, 트럭, 음악, 움직이는 사물을 좋아한다. 엄마는 미용실을 운영하고 있으며 일주일에 40시간 이상 일한다. 윌은 근처 어린이집에 다니고 있으나, 보육교사가 지역 보건과(Part C 기관)의 도움을 받아 윌의 행동을 통제하지 못하면 윌이 다른 센터로 옮겨 갈 것을 어린이집에서 요청해 놓은 상태다. 윌은 일과에 적응하는 데 어려움이 있고 또래들과 상호작용하지 못하며, 매우 반복적인 놀이를 자주 한다. 윌은 많은 아이들이 있는 지역사회에 살고 있고 엄마는 윌이 어린이집에서 아이들과 노는 것을 배워 지역사회의 일부가 되어야 한다고 생각하고 있다. 그런데 엄마는 보육교사가 윌을 다룰 수 있어야 함에도 불구하고 외부로부터의 도움을 요청하는 사실에 대해 불쾌하게 생각하고 있다.

윌의 엄마와 전화통화를 몇 번 시도했으나, 연락이 닿지 않자 보건과의 담당자는 윌에게 제공되어야 할 서비스와 첫 진단절차에 관한 몇 가지 정보를 설명하는 편지를 보냈다. 보육교사가 윌의 엄마에게 진단에 동의하지 않으면 윌을 어린이집에서 내보내야 한다고 위협하자 이에 엄마는 반응을 보였다. 윌의 엄마는 어쩔 수 없이 동의하였으나 자신이 원하지 않은 것을 억지로 한 것에 대해 속상하고 화가 났다. 서비스 담당자는 윌의 엄마에게 진단의 중요성을 보여 주기 위해 윌의 매일의 일과를 관찰하고, 특히 윌이 어려워하는 부분에 대해 설명해 달라고 하였다. 그 결과 윌이 집이나 어린이집에서 같은 유형의 어려움을 겪는다는 사실이 분명해졌다. 이로 인해 윌의 엄마는 진단과 중재과정에서 얻게 될 긍정적인 결과들을 인식하기 시작했다.

〈표 1〉 가족 진단 전 계획 질문지

	현재 자녀가 하고 있는 것은 무엇입니까?	자녀가 다음에 무엇을 하기를 바라십니까?
주위를 돌아다니기		
자기 손을 사용하기		
새로운 정보에 대해 생각하고 학습하기		
다른 사람과 관계를 맺기		
자신의 요구를 처리하기		
타인이 자신에게 하는 말을 이해하기		
자신이 필요한 것을 타인에게 알리기		
장난감을 가지고 놀기		

부모를 참여시키기 위해 특정 전략이나 체크리스트를 사용할지 여부를 결정할 때 고려해야 할 몇 가지 중요한 문제가 있다. 부모가 요청한 정보의 전체적인 유용성은 매우 중요하다. 예를 들어, 평가 도구에 가족의 재정적인 상태에 대해 묻는 항목이 있을 때, 조기중재 프로그램이 이러한 영역에서 가족의 요구를 충족시키거나 자원을 이용할 수 있게 가족을 도울 수 있는 자원을 가지고 있지 않다면 이러한 질문은 삭제되어야 한다. 대신 요청된 모든 정보는 팀이 가족 주도의 중재계획을 고안할 수 있도록 해야 한다.

그 밖에 다른 고려사항은 요청된 정보의 적합성과 간섭 가능성이다. 만약 전문가가 엄마에게 임신이나 출산과 관련한 설명을 상세히 요청한다면, 이 정보가 왜 필요하고 어떻게 진단과 중재계획에 도움이 되는지를 설명하는 것은 매우 중요하다. 종종 전문가는 가족에 대해 많은 것을 묻지만 부모들은 이 정보가 왜 필요한지, 이 정보로 무엇을 하는지를 모를 때가 많다. 윌의 가족의 경우, 진단 팀이 윌의 엄마에게 임신과 출산에 관해 자세히 질문하는 것은 부적절함이 분명하였다. 왜냐하면, 첫 만남에서 부모는 조기중재 서비스에 참여하는 것을 원치 않았고 이 정보가 적격성을 판정하는 데 필요한 것이 아니었기 때문이다.

마지막으로 진단도구의 적합성과 평가도구에 사용된 언어가 읽기 쉬운 수준인지를 반드시 고려해야 한다. '집게손가락으로 잡기' '수단 목적(meas ends)' '사물의 영속성' 등과 같은 조기중재 특수용어를 포함하는 도구들은 대부분의 부모들이 이해하기 쉽지 않다. 구체적인 예를 제공하거나 특정 기술의 그림을 제공하는 도구는 부모를 위해 바람직한 선택이 된다. 윌의 엄마는 윌의 매일의 일과에서 살펴본 진단이 의미 있고 유용했기 때문에 진단에 참여하게 되었다.

진단에 부모가 능동적인 역할을 하는 또 다른 방법은 가족에게 진단계획, 진행 중인 진단활동, 진단결과를 승인할 선택권을 주는 것이다. 가족은 진단 팀에게 특정 활동이 아동으로부터 최선의 행동을 이끌어 냈는지, 진단과정에 관찰된 것이 아동을 충분히 반영하는지, 과정과 결과에 대한 전체적인 인상 등에 대해 귀중한 피드백을 할 수 있다. 가족의 승인을 촉진하는 질문의 예가 〈표 2〉에 제시되었다. 또 다른 승인 전략으로서 진단 보고서 초안을 가족과 공유하여 가족의 의견을 구하는 것이다(Crais, 1993; Kjerland & Kovach, 1990). 가족의 제안이나 의견은 최종 보고서에 포함된다. 제이미의 진단에서 팀과 가족은 진단이 끝나자마자 관찰 및 예비 결과들을 논의했다. 이때 엄마와 전문가들은 서로에게 질문을 하고 답하며 미진한 부분들을 해결하였다. 그 뒤 보고서 초안이 엄마에게 보내졌으며, 엄마는 보육교사와 함께 이를 검토하며 아동의 행동에 대한 설명이 가정이나 보육환경에서 나타나는 전형적인 행동인지를 확인하였다. 엄마는 보고서를 검토하고 의견과 제안을 하였고, 이는 최종 보고서에 포함되었다.

진단을 계획하고 실행하는 동안 진단과정에 부모가 다양한 역할을 원하고 다양한 태도를 취한다는 것을 기억하는 것이 무엇보다 중요하다. 어떤 부모들은 계획과정에 능동적으로 참여하기를 원하는 반면 다른 부모들은 결과만 알고 싶어 하거나, 어떤 유형의 진단도 거부한다. 제이미와 윌의 엄마는 다른 부모의 역할과 태도를 보여준다. 제이미의 엄마는 모든 절차에 능동적으로 참여했고 이는 아마도 제이미가 의사소통에 문제가 있음을 처음으로 인식한 점이 진단

〈표 2〉

진단 전에 가족에게 할 승인 관련 질문들
• 어떤 유형의 정보가 가장 유용합니까? • 자녀가 가장 잘하는 활동이나 가장 잘 가지고 노는 장난감은 무엇입니까? • 당신이나 다른 사람이 자녀에게 도움이 된 것은 무엇입니까? • 가정에서 자녀가 한 것을 반영하는 활동을 의논하실 의향이 있으신지요? • 자녀에 대한 정보를 수집하는 가장 좋은 장소와 시간은 언제, 어디입니까?
진단 중에 가족에게 할 승인 관련 질문들
• 팀이 자녀가 할 수 있는 행동의 대표적인 사례를 수집하고 있나요? • 자녀가 방금 하거나 말한 것을 바르게 해석하였나요? • 이 과제를 자녀가 보다 편안하게 할 수 있도록 하려면 어떻게 하면 좋을까요? • 우리가 자녀와 함께 할 때(놀 때) 더 좋은 방법이 있을까요?
진단 후 가족에게 할 승인 관련 질문들
• 팀이 가족의 우선 관심사를 다루었나요? • 전반적인 과정과 결과에 대해 어떻게 느끼십니까? • 자녀가 보여 준 행동이 자녀의 평소 행동인가요? • 오늘 우리가 보지 못한 것 중 자녀가 하는 다른 행동은 무엇이 있습니까? • 우리가 어떻게 하면 자녀의 행동이 달라질 수 있을까요?

Crais(1994)에서 수정 발췌.

의 유용성을 볼 수 있게 했을 것이다. 윌의 엄마는 진단과정이 가정에서 직접적으로 유용하게 쓰일 것이라고 판단한 후에야 제한적으로 참여하게 되었다. 부모가 자녀의 조기중재 서비스의 정보에 기초한 소비자가 되도록 돕는 것은 가족에게 정보를 제공하고 가족이 자녀의 평가 관련 계획, 실행, 해석과정에 능동적인 역할을 하도록 격려하는 것을 의미한다. 부모에게 진단절차에 따른 선택 사항을 제공해야 하고, 그들의 선택은 존중되어야 한다(Bailey & Blasco, 1990; Crais & Belardi, 1999).

진단결과를 공유하고 중재계획 세우기

진단결과는 아동의 발달적 요구와 서비스의 적격성을 결정하고 중재계획 절차를 이끌어 가는 데 사용된다. 따라서 가족과 전문가는 정보를 수집할 뿐만 아니라 진단결과를 해석하기 위해 함께 일해야 한다. 이 단계는 비형식적 정보를 공유하는 회의, 결과 보고, 서비스 계획을 위한 논의, 또는 팀 회의(즉, IEP나 IFSP 회의) 등과 같은 다양한 형식의 의사소통을 포함한다. 일반적으로 진단이 완료되면 이들 중 하나 이상을 하게 된다. 이 시점에서의 목적은 부모와 전문가 간의 협력적이고 매우 상호적인 정보 공유이다(Eiserman, Moore, & Ferguson, 1997). 이 회의에서는 가족과 전문가가 총괄적으로 아동을 설명하므로 팀원 간의 영역 경계가 최소한으로 나타나는 것이 바람직하다. 아동과 가족의 강점을 강조하고 아동의 발달을 촉진하기 위한 계획을 고안하기 위하여 이러한 회의는 순향적이고(proactive) 긍정적이 되어야 한다.

협력적인 부모-전문가 정보 공유는 많은 장점을 지닌다. 가장 중요한 것은 부모와 전문가 사이에 상호존중 관계가 형성되어 진정한 부모-전문가 파트너십을 위한 토론의 장이 펼쳐진다는 점이다. 또한 전문가와 부모 모두 아동의 발달에 관한 서로 다른 관점을 알게 되어 아동의 능력과 요구에 대한 또 다른 통찰력을 갖게 해 준다.

상호적인 공유과정을 통해 아동에 대한 공동의 관점을 갖는데 중요한 논리적 전략이 몇 가지 있다. 하나는 회의 일정과 장소를 정하는 것이다. 시간과 장소는 개별 가정의 요구에 따라 융통성이 발휘되어야 한다. 융통성이 발휘되는 예들은 저녁이나 주말에 회의를 하여 부모가 회의에 참석할 수 있게 하거나 회의를 부모의 직장에서 하는 것 등이다. 예를 들어, 윌을 위한 중재계획 회의는 엄마의 미장원 물품보관실에서 열렸다. 엄마는 회의에 참석하기 위해 미장원을 비울 수 없었기 때문에 IFSP 팀은 엄마의 예정된 휴식시간에 미장원에서 회의를 갖기 위해 일정을 짰다. 윌의 엄마는 전문가들과의 회의에서 훨씬 편안해 보였는데, 아마도 자신의 요구와 선호에 따라 일정이 계획되었기 때문일 것이다. 부모가 아동에 대한 의사결정자라면, 부모에게 편리한 시간과 장소에서 회의를 해야 한다. 또한 부모는 회의에 누가 참여할 것인지를 선택할 수 있어야 한다. 어떤 부모들은 최소한의 전문가들이 회의에 참석하기를 바라는 반면 어떤 부모들은 개인적인 치료사와 가족의 친구까지 회의에 데려오고 싶어 한다. 제이미의 엄마는 제이미의 보육교사를 IFSP 회의에 데려와 매일 제이미와 함께 지내는 보육교사가 논의에 참여하고 회의에서 다루어진 전략들을 이해하기를 원했다.

전문가들은 대개 준비가 잘 되어 있고 중재계획 회의에 특정한 기대를 하고 임하는 편이다. 부모의 완전하고 의미 있는 참여를 위해 이러한 회의에 부모들을 준비시키는 것 역시 중요할 수 있다. 중재계획 절차를 설명하고 절차에서의 부모의 역할에 대한 선택사항을 제공하는 것은 중요하다. 연구에 의하면, 부모들이 자녀의 진단에 능동적으로 참여하고 자신의 관찰에 대한 의견을 말할 기회가 있을 때 IEP 회의에 더 많이 기여한다(Brinckerhoff & Vincent, 1987). 더욱이 부모가 공식적인 IFSP 훈련에 참여한 아동의 IFSP에서 좀 더 가족 중심적이고 가족의 관심을 잘 표현하는 언어가 사용되었음이 보고되었다(Campbell, Strickland, & LaForme, 1992). 앞서 제시된 〈표 1〉은 부모에게 목표 설정 또는 자녀의 다음 단계를 생각해 볼 수 있도록 돕는 질문의 좋은 예다. 재차 언급하지만, 부모의 참여는 선택의 유형과 개별 가족의 선호에 달려 있다. 예를 들어, 제이미의 엄마는 자신이 자녀의 서비스 조정자가 되기를 원한 반면, 윌의 엄마는 서비스와 지원을 조정할 전문가를 선택하였다.

부모를 중재계획 과정에 준비시키기 위한 몇 가지 전략이 있다. 회의의 목적, 누가 회의에 참여할 것인지, 부모들이 절차에 어떻게 포함될 것인지를 부모와 의논하는 것도 포함된다. 부모들이 바쁘고, 종종 이러한 정보를 이해하지 못하고, 어떻게 아동에게 영향을 주는지 알지 못한다면, 이 절차들을 완벽하게 적용하는 것조차 이해하지 못하기 때문에 이러한 정보를 부모에게 다양한 방법으로 제공하는 것이 필수적이다. 제이미의 엄마는 진단과 IFSP 절차를 경험한 조기중재 프로그램의 부모 촉진자로부터 전화를 받았다. 촉진자는 이 절차를 제이미의 엄마에게 설명하였고 절차에 대한 서면 정보를 받는 것 이외에 참여할 수 있는 방법들을 논의하였다. 다른 전략은 아동의 교사나 서비스 조정자가 회의를 하기 며칠 전에 전화를 하거나 방문하여 질문에 답해 주고 회의에서 논의되기를 바라는 주제에 대해 의견을 수렴하는 것이다. 윌의 엄마가 바쁘기 때문에 조기중재자가 회의 예정일 2주 전에 IFSP에 대하여 정보를 알려 주었다. 조기중재자는 또 회의 일주일 전에 아침 일찍 손님이 없을 때 미장원에 들러 윌의 엄마의 질문에 답해 주었다. 다른 전략은 부모에게 회의 전에 진단정보를 검토하게 하고 부모의 생각을 정리하고 자녀에 관한 질문과 이용 가능한 서비스에 관한 질문을 미리 생각하도록 한다. 서면 정보에 덧붙여서 구두로 설명하고 사전에 부모가 질문할 기회를 주는 것은 매우 도움이 된다.

회의 자체는 부모의 관심과 부모가 정한 주제에 관한 내용으로 짜여져야 한다. 연구에 의하면, 중재계획 회의가 간혹 형식과 계획에 필요한 요소들에 너무 치중한 나머지 애초에 가졌던 가족 중심적인 목적이 훼손되기도 한다(Able-Boone, 1993; Able-Boone, McBride, Swann, Moore, & Drew, 1998). 부모가 확인한 문제와 관심사 언급으로 회의를 시작함으로써 전문가는 부모가 중요한 사람이고 자녀에 대한 부모의 인식이 중요하다는 것을 전달하게 된다. 특정 영역에서의 아동의 발달적 강점과 요구에 관한 질문을 하는 것과 각 발달 영역에서의 아동의 행동에 대해 의견을 말하게 하는 것 또한 매우 유용하다. 윌의 IFSP 계획은 엄마가 이전에 말한 적 있는 가정에서의 어려운 일과에 대한 문제해결부터 시작하였다. 이 전략은 엄마의 관심과 우선순위를 인식함으로써 엄마의 능력을 강화하였다.

마지막으로 진정한 가족 중심 진단과 중재계획이 되려면 추후 활동은 필수적이다. 중재계획 회의 후에 부모가 자녀나 과정에 관한 질문이 있을 경우 조기중재 팀원에게 전화를 하여 물어볼 수 있게 한다. 또한 지금까지 실행한 단계를 부모와 공유하고 계획에 대해 상호 동의하는 것이 중요하다. 최종 진단 보고서와 중재계획을 부모에게 제공하고 부모가 내용을 충분히 이해할 수 있도록 설명하고 언제든지 부모가 원하면 수정될 수 있음을 알려야 한다.

지속적인 과정

전문가는 부모가 조기중재 절차의 모든 단계에 대한, 특히 부모가 자신들의 선호에 따라 어떻게 참여할 수 있는지, 어떻게 자녀의 중재 프로그램을 형성해 갈 수 있는지 등에 대한 정보를 제공하여 부모가 정보에 근거한 의사결정자가 되도록 도와야 한다. 〈표 3〉은 정보를 갖춘 부모의 능동적인 참여를 촉진하는 전략들이다. 전문가와 부모는 함께 아동에 대해 알아가고 어떻게 아동의 요구를 충족시킬 수 있을지 배워나간다. 이는 지속적인 과정이 되어야 한다. 전문가는 지속적으로 아동을 평가하고 아동과 가족의 변화하는 요구에 따라 계획을 수정해야 한다. 가족주도적인 과정을 지속하기 위해서 부모와 전문가는 상호적인 관계를 유지하고 아동의 진도에 대해 서로 주기적으로 알려야 한다. 조기중재 체계를 통해 아동과 가족이 발전할 수 있도록 가족주도 철학은 지속되어야 한다.

〈표 3〉 능동적이고 정보를 갖춘 부모 참여를 위한 전략

1. 서면과 구어적 의사소통으로 절차의 각 단계를 설명한다.
2. 절차의 각 단계에서 가족에게 선택권을 제공한다.
3. 가족과 아동에게 편리한 시간과 장소에서 기꺼이 만난다.
4. 추후 활동을 제공한다. 가족이 진단결과와 IFSP/IEP를 검토할 시간을 주고 지속적으로 가족의 관심사와 의문을 표현할 수 있는 기회를 제공한다.
5. 개별 가족의 선호와 스타일에 따라 융통성을 발휘한다.

주

Harriet A. Boone의 연락처: 이메일 haboone@email.unc.edu.

참고문헌

Able-Boone, H. (1993). Family participation in the IFSP process: Family or professional driven? *Infant-Toddler Intervention, 3*, 63-71.

Able-Boone, H., McBride, S., Swann, D., Moore, S., & Drew, B. S. (1998). IFSP practices in two states: Implications for practice. *Infants and Young Children, 10*(4), 36-45.

Bailey, D., & Blasco, P. (1990). Parents' perspectives on a written survey of family needs. *Journal of Early Intervention, 4*(3), 196-203.

Bailey, D., McWilliam, P., Winton, P., & Simeonsson, R. (1992). *Implementing family-centered services in early intervention: A team based model for change*. Cambridge: Brookline.

Bricker, D. (1993). *Assessment, evaluation, and programming system for birth to three years* (Vol. 1). Baltimore: Paul H. Brookes.

Bricker, D., Pretti-Frontczak, K., & McComas, M. (1998). *An activity based approach to early intervention* (Rev. ed.). Baltimore: Paul H. Brookes.

Bricker, D., & Squires, J. (1989). The effectiveness of parental screening of at risk infants: The Infant Monitoring Questionnaires. *Topics of Early Childhood Special Education, 9*, 67-85.

Bricker, D., Squires, C., & Mounts, L. (1995). *The Ages and Stages Questionnaires*. Baltimore: Paul H. Brookes.

Bricker, D., & Woods-Cripe, J. J. (1992). *An activity based approach to early intervention*. Baltimore: Paul H. Brookes.

Brinckerhoff, J., & Vincent, L. (1987). Increasing Parental decision making at the individualized educational program meeting. *Journal of the Division of Early Childhood Special Education, 11*, 46-58.

Campbell, P., Strickland, B., & LaForme, C. (1992). Enhancing parent participation in the individual family service plan. *Topics of Early Childhood Special Education, 11*, 112-124.

Crais, E. R. (1993). Families and professionals as collaborators in assessment. *Topics in Language Disorders, 14*(1), 29-40.

Crais, E. R. (1994). *Increasing family participation in the assessment of children birth to five*. Chicago: Applied Symbolics.

Crais, E. R. (1996a). Applying family-centered principles to child assessment. In P. McWilliam, P. Winton, & E. Crais (Eds.), *Practical strategies for family-centered early intervention* (pp. 69-96). San Diego, CA: Singular.

Crais, E. (1996b). Preassessment planning. *ASHA(American Speech-Language and Hearing Association), 2*, 38-40.

Crais, E., & Belardi, C. (1999). Family participation in child assessment: Perceptions of parents and professionals. *Infant-Toddler Intervention, 9*(3), 209-238.

Crais, E., & Wilson, L. (1996). The role of parents in child assessment: Self evaluation by practicing professionals. *Infant-Toddler Intervention, 6*(2), 125-143.

Diamond, K., & Squires, J. (1993). The role of parental report in the screening and assessment of young children. *Journal of Early Intervention, 17*(2), 107-115.

Eiserman, W., Moore, S., & Ferguson, A. (1997). *Families and teams together: Improving assessment information sharing and planning process* (Workshop facilitator manual). Boulder, CO: University of Colorado, Division of Speech and Hearing.

Fenson, L., Dale, P., Reznick, J., Thal, D., Bates, E., Hartung, J., Pethick, S., & Reilly, J. (1993). *MacArthur Communicative Development Inventories*. San Diego, CA: Singular.

Furano, S., O' Reilly, K. A., Hosaka, C. M., Inatsuka, T. T., Allman, T. L., Zeisloft, B. (1979). *Hawaii Early Learning Profile*. Palo Alto, CA: Vort.

Gallagher, J. J., & Desimone, L. (1995). Lessons learned from implementation of the IEP: Applications to the IFSP. *Topics in Early Childhood Special Education, 15*(3), 353-378.

Henderson, L., & Meisels, S. (1994). Parental involvement in the developmental screening of their young child: A multiple source perspective. *Journal of Early Intervention, 18*(2), 141-154.

Kjerland, L., & Kovach, J. (1990). Family-staff collaboration for tailored infant assessment. In E. Gibbs & D. Teti (Eds.), *Interdisciplinary assessment of infants: A guide for early intervention professionals* (pp. 287-298). Baltimore: Paul H. Brookes.

Lesar Judges, S. (1997). Parental expectations of help-giving practices and control appraisals in early intervention programs. *Topics in Early Childhood Special Education, 17*(4), 457-476.

Linder, T. (1993). *Transdisciplinary play based assessment* (Rev. ed.). Baltimore: Paul H. Brookes.

Mahoney, G., & Filer, J. (1996). How responsive is early intervention to the priorities and needs of families? *Topics in Early Childhood Special Education, 16*(4), 437-457.

Mahoney, G., O'Sullivan, P., & Dennebaum, J. (1990). A national study of mothers' perceptions of family-focused early intervention. *Journal of Early Intervention, 14*(2), 133-146.

McBride, S. L., Brotherson, M. J., Joanning, H., Whiddon, D., & Demmitt, A. (1993). Implementation of family-centered services: Perceptions of families and professionals. *Journal of Early Intervention, 17*(4), 414-430.

McWilliam, R. A. (1992). *Family centered intervention planning: A routines based approach.* Tucson, AZ: Communication Skill Builders/Psychological Associates.

Parks, S. (1994). *HELP Family-centered Interview.* Palo Alto, CA: Vort Corporation.

Roberts, R., Akers, A., & Behl, D. (1996). Family-level service coordination within home visiting programs. *Topics in Early Childhood Special Education, 16*(3), 279-301.

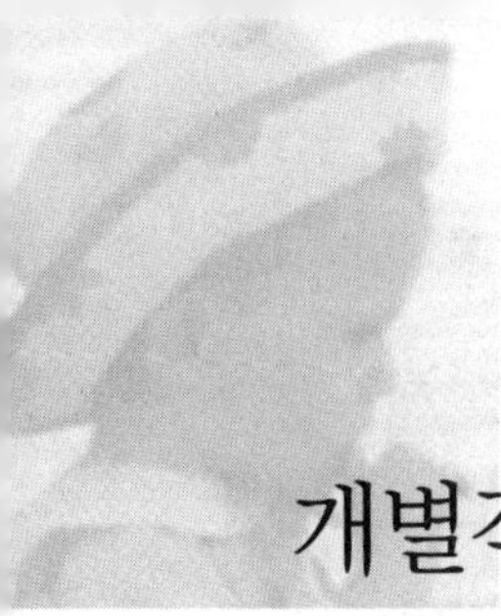

개별적인 성장과 발달 지표

영유아의 중재를 결정하는 진단

Judith J. Carta, Ph.D., University of Kansas
Charles R. Greenwood, Ph.D., University of Kansas
Dale Walker, Ph.D., University of Kansas
Ruth Kaminski, Ph.D., University of Oregon
Roland Good, Ph.D., University of Oregon
Scott McConnell, Ph.D., University of Minnesota
Mary, McEvoy, Ph.D., University of Minnesota

조기 헤드스타트 프로그램의 가정 방문 교사인 론다는 일주일 동안 여러 명의 영아와 가족을 방문한다. 각 방문의 초점은 아동과 가족의 요구에 따라 다르지만, 조기중재 프로그램의 가장 주요한 목적은 아동의 발달이 긍정적인 방향으로 이루어지도록 하는 것이다. 론다는 아동이 발달적 이정표와 관련해 발달 상태가 어느 정도인지 알아보기 위해 가끔 평가하지만 이러한 평가는 정상발달 아동과 비교하여 아동이 어느 정도 발달을 보이는지 파악하는 데는 별 다른 도움이 되지 않는다. 론다는 어떤 발달 영역에서의 아동 진도가 다른 아동들과 비교해서 미흡하다면 이를 파악해 중재를 바꾸거나 중재를 강화시키기를 원한다. 그런데 론다가 이러한 결정을 해야 할 필요가 있을 때 이를 해결할 만한 도구가 별로 없어서 주로 아동 발달에 관한 일반적인 지식에 의존한다. 론다는 아동 발달에 대해 수시로 정보를 얻을 수 있는 도구가 있어서 중재결정을 내릴 때 도움이 된다면 보다 효과적일 거라고 생각한다.

이 사례는 많은 조기중재자들이 알고 있는 내용이다. 일반적으로 영유아를 평가할 수 있는 많은 도구가 있음에도 불구하고 정기적으로 영유아 중재자들이 자신의 중재가 영유아의 발달에 실제로 중요한 영향을 미치는지 알 수 있는 도구는 매우 제한적이다. 조기중재에서의 평가는 중재에 대한 의사결정에 관한 정보보다는 지체 또는 집단에 관한 문서화에 치중해 왔다(Meisels & Atkins-Burnett, 2001). 대개 평가는 임상 전문가나 부모에게 아동이 어떻게 하고 있는지, 중재 프로그램이 효과가 있는지에 대한 정보를 계속적으로 제공할 만큼 충분히 실시되지 않는다. 기존의 측정방법은 자주 사용하기에 너무 시간이 오래 걸리고 번거로워 임상 전문가들이 자주 사용할 수 없으며 구체적이고 유의미한 목표달성을 추적하기도 쉽지 않다. 따라서 론다처럼 아동의 진보 측정에 관심을 갖는 전문가에게 정보를 제공할 수 있는 도구와 현재의 이용 가능한 평가 도구 사이에는 불균형이 있다.

개별적인 성장과 발달 지표

개별적인 성장과 발달 지표(Individual Growth and Development Indicators: IGDIs)는 목적을 향한 유아의 성장에 유용한 정보를 제공하여 불균형을 메울 수 있는 측정도구다. 이 새로운 도구는 일반적 목적 측정(General Outcomes Measurement, GOM) (Deno, 1997) 이라 불리는 평가의 일부다. 이 접근은 특히 중요한 목적과 연계되어 관심 영역을 나타내기 위해 선정된 주요 기술요소를 측정한다. 이 접근과 다른 전통적인 평가(준거 참조형 평가 같은)의 중요한 차이는 일반적 장기목표 측정에서는 목표를 향한 성장을 나타내기 위해 주요 기술 요소들이 장기간 반복적으로 측정된다는 점이다. 반면 준거 참조형 평가에서는 아동의 발달 연령에 주어진 영역에 있는 특정 기술들이 모두 평가된다.

소아과에서 잘 알려진 IGDI의 예는 아동의 성장도표다(Center for Disease Control and Prevention, 2000). 키와 몸무게의 반복된 측정과 도표화는 적은 비용으로 건강의 일반적인 목표와 아동의 성장률을 결정하는 정보 제공의 수단이 된다([그림 1] 참조). 아동의 키와 체중에 대한 그래프 기록은 반복해서 표시되고, 비슷한 연령의 아동과 비교하여 소아과 의사와 부모에게 중재가 필요한지 여부를 알려준

다. 이는 다른 아동의 신장 및 체중과의 차이뿐만 아니라 아동의 성장률이나 성장속도에 기초한다. 아동의 성장률이 또래보다 낮을 때, 소아과 의사는 영양개선이나 호르몬 중재 등과 같은 중재를 고려해 볼 수 있다. 또한 같은 신장과 체중 차트를 계속 이용해 성장률과 선택된 중재의 효과를 추적한다. 신장과 체중이 아동의 종합적인 건강 상태를 나타낼 수는 없지만 일반적인 건강 지표 역할은 할 수 있다. 이러한 지표는 일반적인 건강 목표와 상관관계가 높고 사용법이 쉬워 자주 반복해서 사용할 수 있기 때문에 유용한 정보를 제공할 수 있다. 이러한 지표는 론다와 같은 중재자가 건강 이외의 영역에서 아동의 성장을 알 수 있는 도구 유형이다.

GOM 접근은 다른 교육 분야에서 20년 이상 학령기 아동의 읽기 진도를 측정하는 데 사용되었다(예: Shinn, 1989). 짧은 문단에서 아동이 읽을 수 있는 단어의 갯수를 수시로 신속하게 조사하는 것은 아동의 낭독 비율을 측정하는 것이며, 이는 읽기 능력의 보다 전체적인 목적과 매우 관련 있음을 증명하는 지표다(Deno, Mirkin, & Chaing, 1982). 이러한 측정은 신뢰도와 타당도가 높을 뿐만 아니라 교수적 중재에 민감한 것으로 나타났다(Fuchs & Fuchs, 1986). 그러므로 장기간 추적 시 읽기 비율은 교사에게 아동이 기대하는 성장률

보다 낮은지 또는 현재 사용하고 있는 특정 읽기 중재가 아동을 원하는 기량에 빨리 도달하게 하는지를 아동 성장 차트와 같은 지표처럼 알려준다. 요약하면, 읽기 비율 지표

CDC 성장 도표: 미국

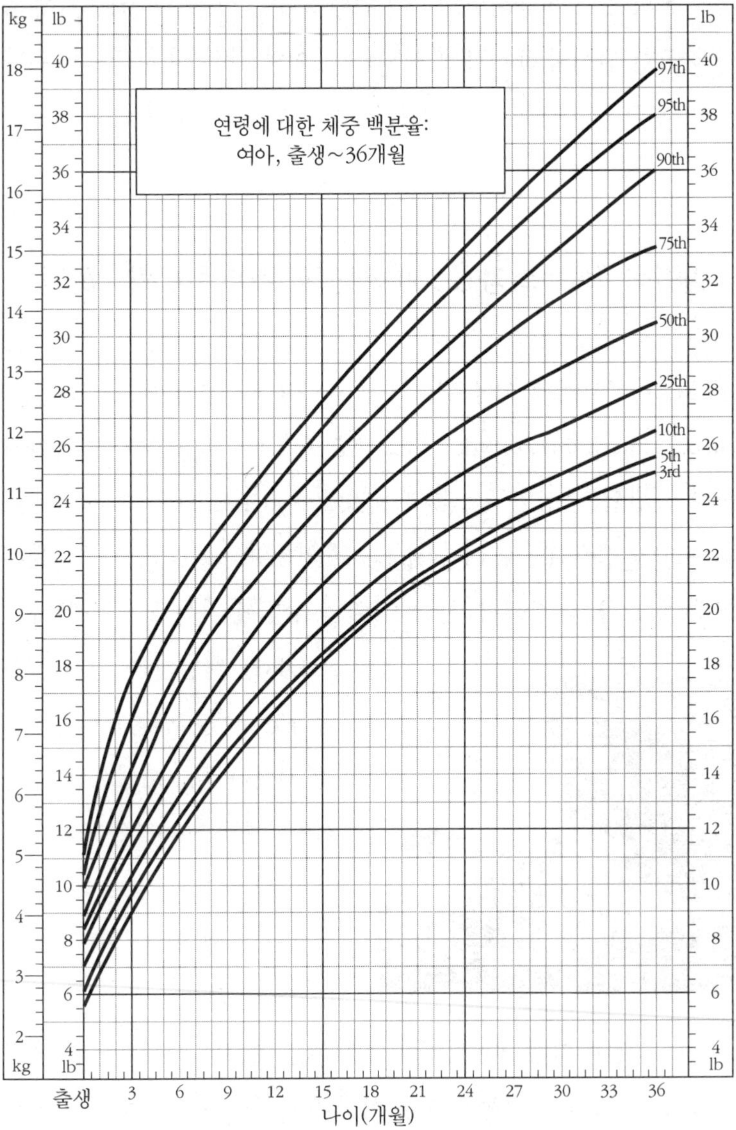

출처: Developed by the National Center for Health Statistics in collaboration with the National Center for Chronic Disease Prevention and Health Promotion (2000).

[그림 1] 질병통제 및 예방센터, 국립건강 통계센터에서 제시하는 출생에서 36개월 여아용 체중 도표

는 아동의 읽기 성장률을 바꾸기 위해 교수를 바꾸어야 하는지에 대한 중요한 단서를 교사에게 제공한다. 이와 같은 성장 정보는 론다가 언제 중재를 수정해야 하는지를 파악하는 데 도움이 된다.

일반적 목표 측정(GOM) 개념을 유아에게 확장하기

IGDIs는 최근에 이용 가능해진 유아용 GOM이다(Greenwood, Luze, Cline, kuntz, & Leitschuh, 발행 중; Luze et al., 2001). 유아기 성장과 발달 측정연구소(Early childhood Research Institute on Measuring Growth and Developement: ECRI-MGD)의 연구자들은 어떤 성장을 측정해야 하는지 일반적인 장기목표를 파악하여 IGDIs를 개발하는 절차를 시작하였다. 부모와 유아특수교육 전문가들을 대상으로 전국적인 설문 조사를 실시하여 유아를 위한 15개의 가장 '사회적으로 가치 있는 목표' 리스트를 확인하였다(Priest, et al., 2001). 그 결과 가장 높은 등급으로 매겨진 목표는 다음과 같은 조기 의사소통 목표다. "아동은 다른 사람에게 의미를 표현하기 위해 몸짓, 소리, 단어, 문장, 구를 사용한다." 다른 일반적인 목표는 자조/적응 발달, 운동 발달, 사회적 능력, 인지/문제해결 영역에서 확인되었다.

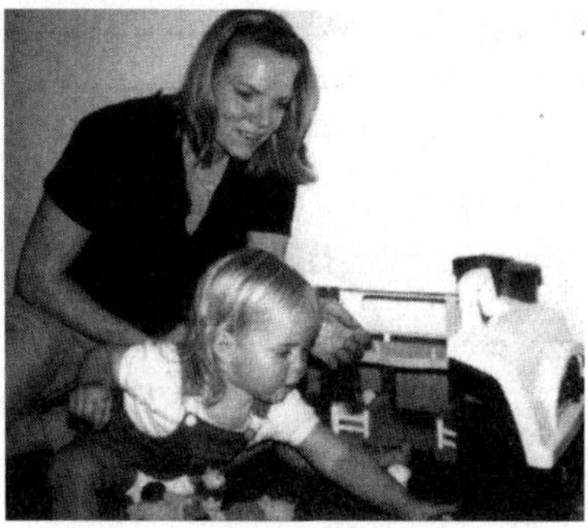

이러한 목표들에 대한 구체적인 '개별적인 성장과 발달지표(IGDIs)'가 출생~3세, 3~5세, 5~8세 아동을 위해 개발되었다. 예컨대, 앞에서 설명한 표현 의사소통 목표에 대한 영아의 성장을 진단하기 위해 아동의 의사소통을 촉진하는 놀이 같은 측정도구가 개발되었고 그 타당도가 검증되었다(Luze et al., 2001). 반면 유아에게는 좀 더 진전된 표현 의사소통 지표로서 짧은 시간 동안 그림을 명명하는 측정방법을 사용한다(McConnell, Priest, Davis, & McEvoy, 2001). 두 의사소통 지표는 의사소통의 표준화된 검사와 매우 높은 상관관계를 보였으며, 두 가지 측정이 공유하는 연령인 3세에 서로 상관관계가 있음을 보인다(Greenwood, 2001).

영아용 의사소통 IGDI의 예

조기 의사소통 지표(The Early Communication Indicator: ECI)(Luze et al., 2001)는 영아가 친숙한 성인과 노는 동안 보이는 의사소통 행동의 횟수에 관한 정보를 제공한다. 6분간의 놀이 동안, 영아는 친숙한 성인 양육자와 플라스틱으로 만든 장난감 집이나 헛간에서 놀이를 한다. 놀이 파트너의 역할은 항상 아동의 주도를 따르면서 아동이 장난감(예: 플라스틱 집이나 헛간)을 가지고 놀도록 하는 것이다. 놀이 파트너는 대개 아동의 놀이에 관해 설명을 하고 아동의 질문에 답하고, 아동의 관심을 고려한 질문을 한다. 이때 성인 놀이 파트너는 아동과 의사소통을 하려고 지나치게 주도적인 면모를 보이지 않도록 훈련이 필요하다.

6분의 놀이 회기 동안 또 다른 성인은 아동의 의사소통 행동을 기

록한다. 이것은 다음과 같은 행동 각각에 대한 단순한 계산법이다([그림 2] 참조). ① 아동의 몸짓(아동이 의사소통을 하기 위해 보이는 신체적 움직임)(예: 사물을 주거나 보여 주기, 가리키기); ② 발성(아동이 소리 내는 단어가 아닌 구어적 발성)(예: 옹알이, 웃음소리); ③ 한 단어 발화(예: "나") 또는 다단어 발화(예: 그거 내 거야). 6분간의 놀이 회기 끝에 기록을 하는 성인(기록자)은 회기 동안 발생한 의사소통 행동의 각 범주(예: 몸짓, 발성 등)를 합하고 각각의 범주 합계를 합하여 총계를 계산한다. 총 의사소통 점수를 6(전체 놀

유아기 성장과
발달 측정연구소

ECI 기록지

아동 ID 번호: 에이미 wave: 8
검사일: 1/7/02 검사자: 론다
기록자: 가베 O표: (헛간)/ 집
장소: 제이호크 교실
신뢰도: (Y) N 주 기록자 이름: 말라

	몸짓	발성	한 단어 발화 (×3)	다단어 발화 (×3)	총 의사소통
0:00	/	–	–	–	1
1:00	–	////	–	–	4
2:00	/	/	–	–	2
3:00	//	–	–	–	2
4:00	–	–	–	–	–
5:00	–	//	–	–	2
총계	4	7	–	–	11

[그림 2] 6분간의 놀이 회기 동안 기록된 자료를 나타내는 조기 의사소통 지표 기록 양식

이 회기의 분을 나타내는 수)으로 나누어 1분당 총 의사소통 비율을 계산한다.

조기의사소통지표 실행하기

조기의사소통지표(ECI)는 론다의 프로그램과 같은 가정 방문 프로그램이나 기관 중심 프로그램에서 사용될 수 있다. 이 평가는 두 명의 성인이 필요한데 (한 명은 아동의 놀이 파트너로서, 한 명은 아동의 의사소통 행동 기록자로서), 예를 들어, 론다가 아동과 노는 동안 아동의 행동을 관찰 기록해 줄 다른 사람을 구하면 된다. 부모나 기관의 보육교사가 놀이 파트너라면 평가 과정에 아동의 주도를 따르는 것은 물론 한 단어 반응을 이끌어 낼 수 있는 반복 연습용 질문을 많이 하지 않도록 사전에 훈련될 필요가 있다. 만약 다른 성인이 없다면 6분의 놀이 회기를 비디오로 녹화하고 나중에 아동의 행동을 비디오테이프를 보면서 기록하는 방법도 있다.

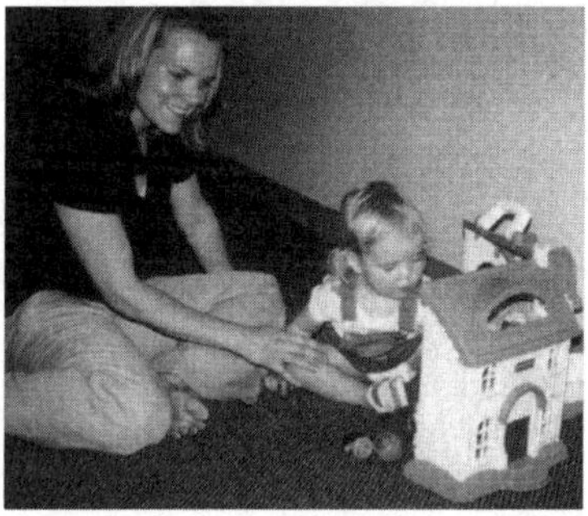

중재결정에 ECI 자료를 사용하기

전문가와 가족이 중재를 이끌어 가고 수정하는 데 IGDIs를 이용하는 의사결정 모델이 고안되었다(ECRI-MGD, 1998). 이 모델은 일반적 목표 측정(예: Deno, 1985; Kaminski & Good, 1996)을 이용하는 문제해결 모델과 유사하며, IGDIs를 4가지 방법으로 사용하고 있다. ① 성장을 모니터링 하기 위해, ② 언제 중재가 필요한지 확인하기 위해서다. 일단 전문가가 중재의 필요성을 확인하면 (2a) 중재 선택 사항을 제안하고 (2b) 중재를 실행하고 중재 충실도를 측정하기 위해, 가능한 중재안들을 탐색하는 데 다른 평가를 사용한다. 마지막으로 IGDIs를 ③ 새 중재 과정에서 아동의 성장을 평가하고 ④ 지속적으로 아동의 진도를 모니터링하기 위해서 사용한다.

예를 들어, 론다는 앞서 설명한 것과 같은 개별적인 ECI 진단을 매달 수행하여 자신이 맡은 아동의 의사소통의 성장을 모니터링하기 위해 ECI를 사용할 수 있다. 개인 점수는 특별히 고안된 엑셀 파일에 입력할 수 있다. 엑셀 프로그램을 이용하여 론다는 각 아동의 의사소통 전체 점수를 그래프로 나타낼 수 있고 몇 달에 걸친 의사소통의 각 범주(예: 한 단어, 다단어)의 자료 역시 그래프로 나타낼 수 있다. 또한 모든 아동의 것을 합하여 요약한 성장 차트를 그릴 수도 있으며, 자신이 맡은 아동들의 성장(한 아동 또는 모든 아동)을 조기 헤드스타트 프로그램의 아동들의 성장과 비교할 수 있다.

모든 아동의 의사소통 발달을 이런 방법으로 매달 모니터링하는 과정에서 론다는 14개월 된 여아 에이미가 한 달에 1분당 2~3번의 의사소통만을 하는 것을 알게 되었고([그림 4] 참조), 에이미의 성장 패턴은 점점 나빠지거나 제자리였다. 에이미의 분당 2~3번의 의사소통 수행은 표준적인 목표치(즉, 분당 8~9번의 의사소통)에 그려진 대로 정상발달 또래의 수행과 비교했을 때 에이미가 진전이 거의 없어 문제가 되었다. 신장이나 체중 차트와 마찬가지로 론다는 에이미

IGDI 의사결정 모델

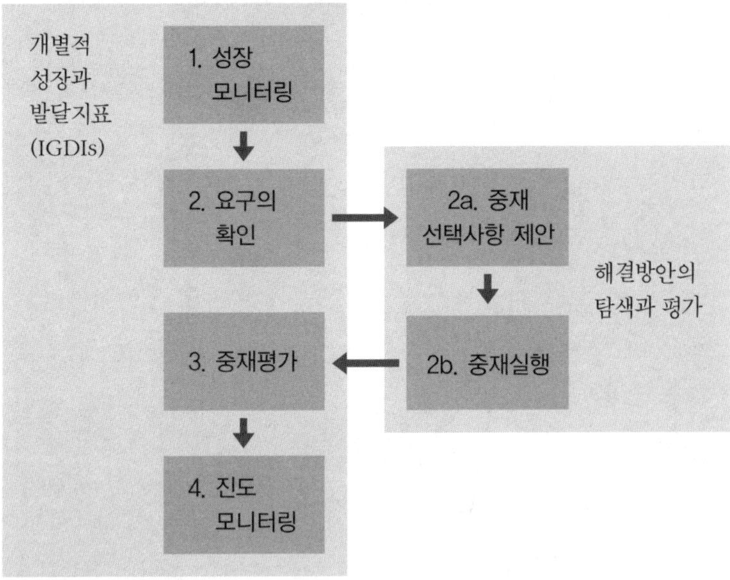

[그림 3] IGDI를 이용하여 중재의 진도를 모니터링하기 위한 의사결정 모델

의 의사소통 기술이 동일 연령의 또래와 같은 속도로 성장하지 않고 있음을 에이미의 ECI 차트에서 확인할 수 있었다.

론다는 에이미를 상세한 의사소통 진단에 회부하였고 검사 결과 에이미가 표현 언어에서 지체되었음을 확인하였다. 그리고 에이미의 중재 팀(부모와 보육교사를 포함한)은 의료적 원인의 가능성 외에 지체 원인이 될 만한 다른 가능성을 조사하며 해결책을 찾아 보았다. 이 과정을 통해 에이미는 깨어 있는 대부분의 시간을 어린이집에서 보내고 있는데 보육교사가 아동의 언어사용을 촉진하지 못하고 있음을 알게 되었다. 예를 들어, 비형식적인 관찰 결과, 보육교사는 아동에게 의사소통할 기회를 거의 주지 않았고, 어린이집에서는

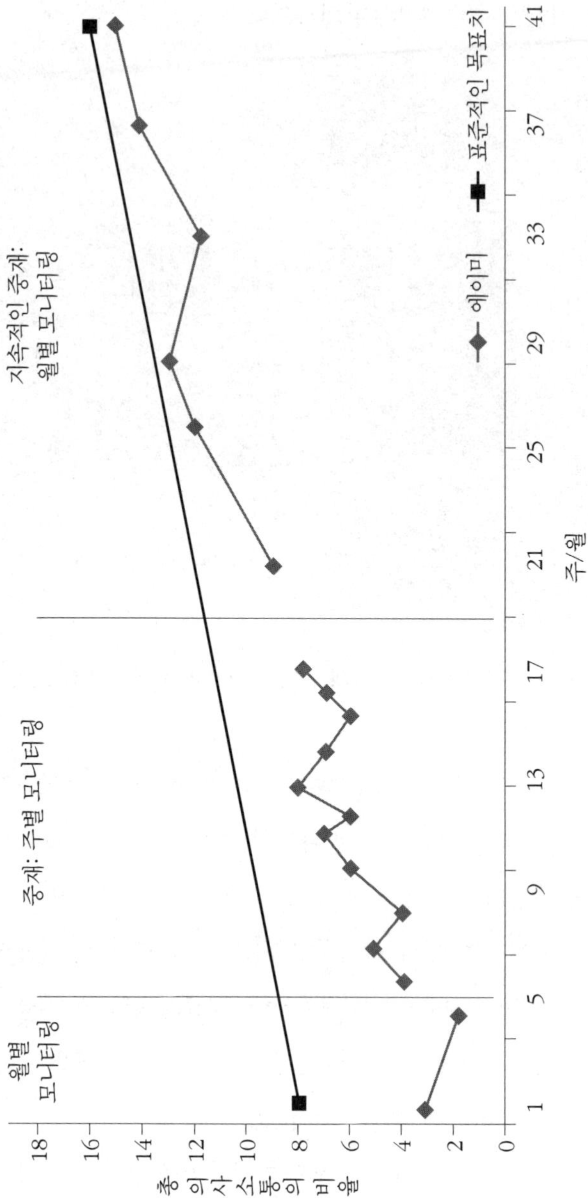

[그림 4] 월별 모니터링, 중재, 지속된 중재 시 추후 지도에 IGDIs를 이용한 진도 점검의 예

아동이 자신의 요구를 언어를 사용하여 정교화하거나 확장하도록 기회를 주지 않고 그저 요구만 재빨리 충족시켜 주었다.

론다와 중재 팀은 에이미의 보육교사가 에이미의 주도를 따르고, 에이미가 제한된 어휘라도 자주 사용하게 촉진하고 에이미의 발화를 확장하여 표현 의사소통을 촉진할 수 있는 방법을 배울 수 있게 돕기로 했다. 석 달 동안 매일 강도 높은 중재가 실시되었으며, 그 기간 동안 론다는 매달 하던 ECI 평가 횟수를 매주로 늘려 중재 기간 동안 집중적으로 에이미의 진도를 추적하기 위해서 더 많은 자료를 수집했다. 에이미의 그래프에 의하면, 중재를 하는 12주(3개월) 동안 극적인 상향 진전이 나타났고 주당 의사소통 수준은 정상발달 아동의 비율에 접근하고 있다([그림 4] 참조). 론다와 중재 팀(보육교사 포함)은 이 자료를 이용하여 기대했던 효과가 나타났는지 확인하고, 이러한 진전이 지속된다면 에이미가 2~3개월 안에 정상발달 아동과 비슷한 수준의 의사소통을 할 것이라고 예측했다. 이를 토대로 보육교사가 에이미와 어린이집에 있는 다른 아동들에게 성공적인 중재를 계속해 나가도록 격려하였다. 또한 에이미의 진도에 따라 ECI 평가의 빈도는 주 단위에서 월 단위로 변경되었다([그림 4] 참조).

ECI를 활용한 프로그램 모니터링

IGDIs는 개별 아동의 성장을 장기간에 걸쳐 모니터링하는 데 효과적이며, 또한 프로그램 책임자가 같은 전략을 프로그램의 모든 아동의 성장을 측정하는 데 사용할 수 있다. 이러한 방법으로 프로그램 책임자는 아동이 적절한 시기에 의미 있는 결과를 보이는지 확인할 수 있다. 전체 프로그램의 성장률은 정책(1인당 담당 아동 수, 가정 방문 횟수, 교육과정의 변화 등과 같은)이나 프로그램의 변화가 어떻게 실제로 아동에게 영향을 미칠 수 있는지 보여 주는 데 사용할 수 있다. 이를테면, 프로그램 책임자는 6개월 동안 모든 아동의 표현 의사소통의 평균 성장 비율을 조사한 후 교사들에게 반응적 상호작용을 촉진하는 중재 훈련을 실시한 후 아동들의 성장률을 계속 추적할 수 있다. 이 중재에 대한 훈련을 전후하여 일정 기간 동안 ECI에 대한 성장률을 비교하는 것은 프로그램 책임자에게 이 훈련에 의해 아동이 몸짓, 단어, 문장을 사용하여 자신의 요구를 표현하는 의사소통 목표에 근접하였는지 알려 줄 것이다.

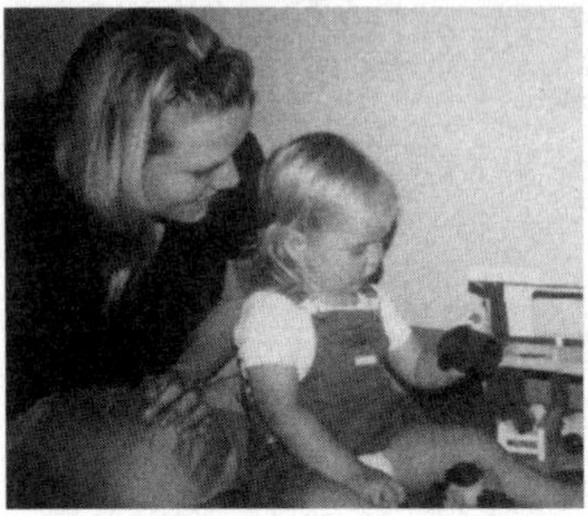

유아를 위한 일반적 목표 측정의 미래

본 논문에서는 개별적인 성장과 발달 지표를 적용한 한 가지 사례를 설명하였다. 지금까지 영유아의 운동발달(Greenwood et al., 발행 중), 사회성 발달, 적응행동 발달, 문제해결 영역의 성장을 평가하는 유사한 측정도구의 타당도가 검증되었다. 이러한 도구들의 신뢰도, 타당도, 실제적 이용도에 대한 정보는 최근의 논문들과(Greenwood et al., 발행 중; Luze et al., 2001), 웹사이트(http://www.jgcp.ku.edu/Grants/ecrimgd.htm)에서 찾아볼 수 있다. 또한 미네소타대학(http://ici2.umn.edu/ecri)의 ECRI-MGD에서 유아용으로 개발한 측정도구와 오리건대학(http://dibels.uoregon.edu)에서 개발한 5~8세 아동용 측정도구가 있다.

표준화된 방법의 주요 목적은 중요 목표에 대한 성장을 측정해 아동의 사실적인 행동에 초점을 맞춘 민감하고 실제적인 도구를 제공하는 것이다. 이 측정도구들은 신뢰도와 타당도의 엄격한 기준에 맞게 구성되었고, 또한 도구들은 시간에 따른 성장과 중재의 효과 측정에 대해 민감하다. 궁극적인 목적은 아동과 일하는 많은 사람들에게 이용하기 쉬운 평가도구들을 제공해서 아동이 사회적으로 의미 있는 목표를 향해 나아가도록 임상 전문가들과 프로그램이 도와주어 진정한 변화를 보이도록 하는 것이다.

주

Judith J. Carta의 연락처: 이메일 carta@ukans.edu
본 논문은 미국 교육부 특수교육 및 재활서비스국의 기금(H024560010)을 일부 지원받은 것이다. 여기에 제시된 의견은 미국 교육부의 의견을 대변한 것은 아니다. 저자들은 ECRI-MGD 프로젝트의 모든 팀원, 특히 Gayle Luze, Deborah Linbarger, Carol Leitschuh, Jeff Priest에게 감사를 전한다.

참고문헌

Centers for Disease Control and Prevention, National Center for Health Statistics. (2000). *CDC Growth Charts: United States*. Atlanta, GA: Arthor.

Deno, S. (1997). Whether thou goest… Perspectives on progress monitoring. In J. W. Lloyd, E. J. Kameenui, & D. Chard (Eds.), *Issues in educating students with disabilities* (pp. 77-99). Mahwah, NJ: Erlbaum.

Deno, S. (1985). Curriculum-based measurement: The emerging alternative. *Exceptional Children, 52*, 219-232.

Deno, S. L., Mirkin, P. K., & Chaing, B. (1982). Identifying valid measures of reading. *Exceptional Children, 49*, 36-45.

Early Childhood Research Institute on Measuring Growth and Development (ECRI-MGD). (1998). *Research and development of exploring solutions assessments for children between birth to age eight* (Technical Report 5). Minneapolis, MN: Author.

Fuchs, L.S., & Fuchs, D. (1986). Linking assessment to instructional intervention: An overview. *School Psychology Review, 15*, 318-323.

Greenwood, C.R. (2001, February 6). *Monitoring growth and development of infants and toddlers*. Presentation at the Pacific Coast Research Conference, LaJolla, CA.

Greenwood, C.R., Luze, G. L., Cline, G., Kuntz, S., & Leitschuh, C. (in press). Developing a general outcome measure of growth in movement in infants and toddlers. *Topics in Early Childhood Special Education*.

Kaminski, R. A., & Good, R. H. (1996). Toward a technology for assessing basic early literacy skills. *School Psychology Review, 25*, 215-227.

Luze, G. J., Linebarger, D. L., Greenwood, C. R., Carta, J. J., Walker, D., Leitschuh, C., & Atwater, J. B. (2001). Developing a general outcome measure of growth in expressive communication of infants and toddlers. *School Psychology Review, 30*, 383-406.

McConnell, S. R., Priest, J S., Davis, S. D., & McEvoy, M. A. (2001). Best practices in measuring growth and development for preschool children. In A. Thomas & J. Grimes (Eds.), *Best practices in school psychology IV: Vol. 2*(pp. 1231-1246). Bethesda, MD: National Association of School Psychologists (NASP).

Meisels, S. J., & Atkins-Burnett, S.(2001). The elements of early childhood assessment. In J. P. Shonkoff & S. J. Meisels (Eds.), *Handbook of early childhood intervention* (2nd ed.) (pp. 231-257). Cambridge, UK: Cambridge University Press.

Priest, J. S., McConnell, S. R., Walker, D., Carta, J. J., Kaminski, R. A., McEvoy, M. A., Good, R. H., Greenwood, C. R., & Shinn, M. R. (2001). General growth outcomes for children between birth and age eight: Developing and validating a foundation for a continuous progress measurement system. *Journal of Early*

Intervention.

Shinn, M. R. (Ed.) (1989). *Curriculum-based measurement: Assessing special children.* New York: Guilford.

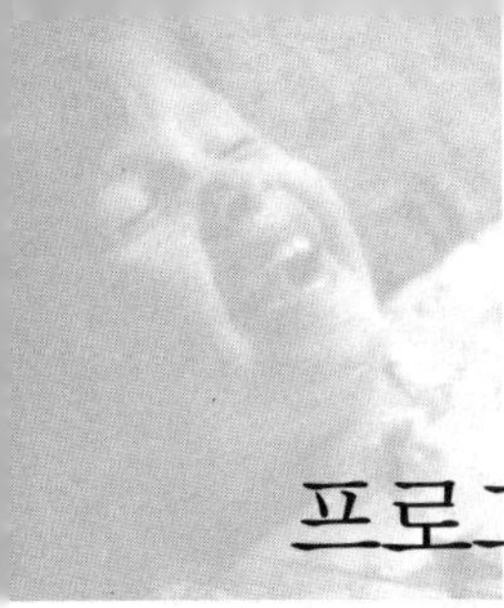

프로그램 계획을 위한 교육진단

중증 중복장애 유아를 위한 개별화 학습 프로파일(Individualized Learning Profiles: ILP) 고안

Kimberly A. Christensen, M.Ed., Bowling Green State University
Colleen J. Mandell, Ed.D., Bowling Green State University
Alicia B. Davis, Ph.D., University of Georgia

브라이스는 4세 10개월의 남아인데, 18개월에 물에 빠지는 사고를 겪었다. 이 사고로 브라이스는 기관절개 튜브를 사용하여 호흡하고 있으며 영양공급을 위해 위관 섭식을 하고 있다. 이 밖에도 브라이스는 심한 발작장애가 있고 대뇌피질 시력과 청력손상이 있어서 눈과 귀는 건강하나 뇌가 정보들을 효과적으로 처리하지 못한다. 운동기능은 고긴장(경직으로 근육 긴장도가 높음)의 영향을 받는다. 브라이스는 말을 하지 않으며 종종 반응이 없거나 흥분하곤 한다. 도움없이는 혼자 앉을 수 없으며 바른 자세로 앉아 있기 위해서는 머리에 지지가 필요하다. 모든 영역에서 브라이스는 1~3개월의 발달 수준을 보이고 있으며, 모든 일상 생활에서 타인에게 의존하고 있다.

니콜라스는 2세 9개월로서 소두증을 가지고 태어났다. 그는 뇌성마비와 발작장애를 가진 것으로 진단받았다. 뇌출혈로 인해 시신경

미숙이 되었다. 니콜라스는 만성적인 중이염을 앓고 있어 청력에도 문제가 있으나 영구적인 청력 손실로 진단받지는 않았다. 그는 말을 하지 않고, 삼킬 수는 있으나 씹지는 못한다. 또한 지지가 없이는 앉을 수 없고 모든 요구를 양육자에게 의존하고 있다. 모든 영역에서 니콜라스는 1~3개월의 발달 수준을 보인다.

이 두 사례는 의료적 진단을 설명하고 있고 복합적이며 강도가 높은 특수교육요구를 가진 두 명의 아동이 가진 손상영역을 강조하고 있다. 이는 분명히 정확한 설명이지만 이 설명은 손상 중심적이며 아동의 독특한 강점, 선호, 학습과 상호작용의 스타일에 대한 정보를 제공하고 있지 않다. 대개 임상가들은 프로그램을 위한 계획을 시작할 때 이런 유형의 진단적 평가정보를 마주하게 된다. 브라이스나 니콜라스와 같은 중증의 특수교육요구 유아는 중재계획을 세우고 실행해야 하는 임상 전문가들에게 많은 도전이 된다. 이러한 유아들은 그들을 둘러싼 활동과 경험들에 반응하는 능력에 주로 영향을 미치는 감각, 인지, 의사소통, 운동, 사회정서, 건강 문제 등을 포함한 복합적이며 특수한 요구를 가지고 있다. 중도의 특수교육요구 아동들은 종종 소리, 빛, 촉감 및 다른 자극에 비정상적인 반응을 보인다. 그들은 자기자극적인 행동을 하기도 한다. 어떤 아동들이 제한적인 수의적 운동이나 반응을 할 때, 무엇이 그들에게 동기를 부여하는 것인지 확인하기 어렵다. 임상 전문가의 역할은 철저하고 지속적이며 적절하게 진단평가하여 중도 중복장애 유아를 위한 중재계획의 개발을 촉진하는 것이다. 그러나 종종 전통적인 진단평가방법은 적절하고 개별화된 중재계획을 개발하는 데 필요한 양질의 자료를 임상 전문가들에게 제공하지 못한다.

전통적 진단평가의 제한점

표준화된 규준 참조형 도구의 대부분은 특수교육대상 유아를 교육하기 위한 진단평가에 부적절하다(Bagnato, Neisworth, & Munson, 1997; Linder, 1993; Sandall, McLean, & Smith, 2000). 이러한 도구들은 아동이 동일 연령의 또래들과 비교해서 무엇을 할 수 있고, 할 수 없는지 측정하기 위해 고안되었다. 이러한 도구들은 특수교육대상자 여부를 확인하는 데 필요한 반면, 아동이 어떻게 학습하는지는 보여 주지 않는다. 또한 전통적 방법으로 수집된 자료는 분리된 한순간의 아동 수행의 정적인 측정이며 누적된 자료를 보여 주거나 다른 조건, 다른 상황에서의 행동은 보여 주지 않는다. 준거 참조형과 규준 참조형 진단평가도구는 중도의 중복장애아동에게 흔히 보이는 아주 작은 성장을 탐지하지 못할 수 있다(Linder, 1993). 전통적인 평가는 종종 능력보다는 장애를 확인하는 데 초점을 맞추는 손상 중심 모델을 사용한다. 그러한 방법은 학습과 상호작용 스타일, 민감성, 신체적 반응 행동 유형 등과 같은 아동의 성공과

관련된 요인을 거의 측정하지 않는다. 그러나 이런 요인들을 찾아내지 못한다면 프로그램 계획을 위한 적절한 평가를 수행하는 것이 불가능하다. 따라서 전문가들이 아동의 능력을 확인하기 위한 적절한 평가를 수행한 경험이 부족하기 때문에, 중도의 중복장애아동들은 종종 '평가불가'로 명명된다(Linder, 1993).

대안적 평가 모델

개별화 학습 프로파일(The Individualized Learning Profile: ILP)은 프로그램 계획을 위한 정보수집 과정을 보여 주는 대안적 평가 접근이다(Christensen & Mandell, 2001b). ILP 모델은 강점 중심이며 중도 중복장애 유아의 학습 능력을 가지고 있다고 인식한다(Christensen & Mandell, 2001a). 다른 모든 아동과 마찬가지로 그들도 독특한 개인적 강점, 요구, 선호를 가지고 있다. 자신의 성장발달 가능성을 스스로 인식하도록 돕기 위하여 임상 전문가는 각 아동의 개별적 학습 스타일을 이해해야 한다. 이는 발달적 능력에 대한 정보뿐만 아니라 아동이 어떻게 환경 내에서 학습하고 상호작용하는지도 포함한다. 따라서 아동의 학습 능력은 놀이 환경이나 매일의 일과에서 친숙한 양육자와의 자연적인 상호작용 맥락에서 가장 잘 측정되고 이해된다(Sandall et al., 2000). 이 책에서는 ILP 모델의 두 가지 중요한 측면인 ① 교육진단 정보를 수집하는 세 가지 방법, ② 수집된 정보의 다섯 가지 유형에 초점을 맞출 것이다.

ILP에 필요한 정보수집 방법

ILP는 프로그램 계획을 위해 포괄적인 진단정보를 수집할 때 세 가지 방법을 이용한다. ① 구조화된 비형식적 체계적 관찰, ② 아동과 직접적 상호작용, ③ 양육자 면담.

구조화된 비형식적 체계적 관찰

생태학적 관점을 지지하는 진단절차는 자연적인 상호작용의 맥락, 매일의 일과, 친숙한 상황에서 아동이 가진 기술과 능력에 대한 정보를 수집한다(Bagnato et al., 1997). 체계적인 관찰을 위한 문서화 체계는 아동과 사건에 대한 일화 기록에서부터, 자연적으로 발생하는 활동과 사건 속에서 아동이 보여 주는 특정 능력을 측정하는 체크리스트에 이르기까지 다양하다(Noonan & McCormick, 1993). 아동이 환경과 상호작용하거나 아동의 세계에 영향을 미치는 기회를 확인하기 위해 아동의 물리적, 사회적 환경을 평가할 때, 구조화된 비형식적 체계적 관찰은 임상 전문가들의 생태학적 접근을 촉진한다(Mar & Sall, 1999).

아동과 직접적 상호작용

아동과의 일대일 상호작용은 임상 전문가가 아동에게 직접 개입할 수 있는 구조화된 기회다(Mar & Sall, 1999). 직접적인 상호작용을 통해 진단정보를 수집하는 것은 일과 동안, 자연적이고 놀이 중심의 환경에서 잘 이루어진다(Sandall et al., 2000). 아동의 단서를 따르고 아동의 반응을 모방하며 임상 전문가는 아동의 기능적 행동의 실례를 얻을 수 있다. 직접적인 일대일 상호작용을 통해 임상 전문가는 아동이 자발적으로 보여 주지 않는 반응을 이끌어 낼 수 있으며 아동에게 좀 더 높은 수준의 놀이 행동을 격려하기 위한 기회를 설정할 수도 있다. 또한 직접적인 상호작용으로 임상 전문가는 근육 긴장도, 눈 추적, 소리 찾기 등과 같은 기능적 시력, 청력 등과 같은 특징들을 평가할 수 있다.

양육자 면담

양육자와의 면담은 임상 전문가에게 아동의 매일의 일과, 강점과 요구, 선호하는 사건, 활동, 장난감, 사물, 선호/혐오를 표현하는 아동의 반응 등에 대한 정보를 제공한다(Klein, Chen, & Haney, 2000). 면담은 주 양육자에게 체크리스트나 구조화된 질문 목록에 대해 답하게 하거나 임상 전문가가 양육자와 개방형 비형식적 대화를 하는 것을 포함할 수 있다(Noonan & McCormick, 1993). 진단정보를 수집하기 위한 면담의 또 다른 장점은 임상 전문가와 양육자 간의 협력적 관계를 촉진하는 기회가 된다는 것이다.

ILP를 위한 정보수집

앞서 설명한 세 가지 방법은 중도 중복장애 유아를 위한 ILP를 개발하기 위해 진단정보를 수집하는 방법이다. 다음으로 수집된 정보를 다섯 가지 범주로 분류하고 논할 것이다. ① 생물 행동적 각성 상태, ② 현재 기능 수준, ③ 선호와 강화, ④ 반응 행동, ⑤ 물리적, 사회적 환경(〈표 1〉 참조). 각 범주의 정보는 조기중재/유아특수교육 분야의 연구와 추천 실제를 바탕으로 한다. 어떤 범주는 임상 전문가에게 익숙하지 않은 정보를 담고 있다. 따라서 좀 더 익숙하지 않은 개념을 보여 주기 위해 브라이스와 니콜라스의 사례가 본 논문 곳곳에서 사용될 것이다. 토론을 위해 다섯 범주가 분리되어 있지만 학습에 포함된 기본적인 과정의 주요 요소는 분리해서 생각해서는 안 되며 서로 연관되고 상호의존적이다.

〈표 1〉 ILP를 위한 정보수집

범주 1: 생물 행동적 각성 상태
범주 2: 현재 기능 수준
범주 3: 선호와 강화
범주 4: 반응 행동
범주 5: 물리적, 사회적 환경

정보수집 범주 1: 생물 행동적 각성 상태

상태 행동(state behavior)은 깊은 수면에서부터 울기/흥분 상태까지의 각성과 주의력 수준을 반영하는 중추신경계에 의해 조절되는 각성의 범주다(Brazelton, 1984; Guess et al., 1988; Guess, Siegel-Causey, Roberts, Guy, & Rues, 1993). 조용한 각성 또는 활동적 각성 상태는 외부의 자극에 주의를 기울이고 새로운 것을 학습하는 데 적절한 각성 상태다(Blaha, Shafer, Smith, & Moss, 1998). 정상적인 신경계는 하루 종일 당면한 일에 적합하게 개인이 각 상태 사이를 왔다 갔다 할 수 있게 한다. 중도 중복장애 아동은 생물 행동적 각성 상태를 만들고 유지하는 데 어려움을 겪을 수 있다. 따라서 그들은 불균형적으로 많은 시간을 의식이 희미한 상태나 흥분 상태로 있기에 환경과의 의미 있는 상호작용이 제한될 수 있다. 또한 건강 문제, 청력 손실은 아동이 각성 상태를 만들고 유지하는 능력을 제한할 수 있다. 중도 중복장애 아동의 각성 상태를 진단하기에 적절한 도구가 있다(예: Blaha et al., 1998; Guy, Ault, & Guess, 1993; Simeonsson, Huntington, Short, & Ware, 1988). 다음으로 아동의 ILP를 개발할 때 생물 행동적 각성 상태에 대해 이해할 수 있는 몇 가지 요인들이 제시되었다.

현재 주의력 수준 진단 브라이스는 생물 행동적 각성 상태를 만들고 이를 유지하는 데 어려움을 겪고 있다. 그는 정보 처리에 시간이 필요하고 환경의 다른 자극에도 쉽게 압도된다. 뿐만 아니라 감각적 과부화와 낮은 각성 상태 사이를 오르내린다. 브라이스가 각성된 상태이고 주의를 기울일 수 있을 때 학습은 이루어진다. 그러므로 임상 전문가가 브라이스의 현재 주의력 수준을 확인할 수 있도록 진단절차가 도움이 되어야 한다. 현재 주의력 수준을 확인할 때 장소, 하루 중 시간, 자세, 일어난 활동과 주위 환경 등과 같은 환경적 요인을 기록하는 것이 무엇보다 중요하다.

상태(state) 조절 진단: 내적 · 외적 요인 자신의 상태를 조절할 수 있는 브라이스의 능력은 내적, 외적 요인의 영향을 받는다. 예를 들어, 브라이스에게 영향을 미치는 내적 상태는 약물로서 만성적인 폐질환, 섭취 문제, 신경계 문제 등으로 처방된 약물을 포함한다. 또한 브라이스는 아침에 각성되는 데 시간이 오래 걸리고 오후에 가장 반응적이고 자신의 상태를 더 잘 조절할 수 있다. 외적 요인도 브라이스의 생물 행동적 상태를 바꾸고 유지하는 능력에 영향을 준다. 외적인 청·시각적 자극이 그의 중추신경계를 과도하게 압박할 때 브라이스는 얼굴을 찡그리거나 팔을 마구 움직이거나 소리를 내며 불평을 하여 흥분된 상태임을 나타낸다. 조용한 일대일 상호작용과 방해가 되는 청·시·촉각적 자극을 감소시키는 것은 브라이스의 조절력과 주의력을 최대화하는 데 특히 효과적이다. 브라이스의 이완된 신체 활동과 집중하는 얼굴 표정은 그가 외적인 대화가 제거되고, 자신을 향한 의사소통과 상호작용을 허용할 때 주의를 기울이고 있음을 보여 주는 신체적 반응이다.

상태 조절 진단: 자극에 대한 반응 이해하기 진단절차는 브라이스가 각성 상태를 성취하고 유지하도록 돕는 전략과 환경적 수정을 확인한다. 주의를 기울이는 상태를 활성화하는 유발 요인은 자극에 대한 반응이다. 자신을 향한 자극에 대한 반응은 모든 인간이 가지고 있는 잠재의식적인 반사행동으로서 주의를 기울이도록 자극을 주는 것이다(Nelson, Johnston, & McDonnell, 2000). 자극에 대한 반응이 유발되면 낮은 각성이나 흥분 상태에서 정상적인 각성 상태로 주의력이 바뀌게 된다. 자극에 대한 반응은 좋거나 즐겁고 강화가 되는 자극에 의해 유발될 수 있다. 방어적인 놀람을 일으키지 않도

록 혐오적인 자극은 사용하지 않아야 한다. 자극에 대한 반응은 자세를 바꾸고, 활동, 사물, 목소리, 소리 등 아동이 즐기는 것을 사용하여 이끌어 내야 한다. 예컨대, 친숙한 활동과 엄마의 목소리는 브라이스의 반응을 자주 이끌어 낸다. 그의 미소와 눈을 크게 뜨는 것과 같은 다른 생리적 변화는 브라이스가 각성 상태로 바뀌었고 좋아하는 활동을 기대한다는 것을 보여 주는 지표가 된다. 일단 임상 전문가들이 어떻게 브라이스의 자극에 대한 반응을 유발할지를 이해하면, 이러한 전략은 브라이스의 주의력을 키우고, 이를 확장하도록 돕는 개별화 중재계획에 삽입될 수 있다.

정보수집 범주 2: 현재 기능 수준

임상 전문가는 가족과 다른 전문가와 협력하는 협력적인 진단절차를 통해 효과적인 중재를 개발하는 데 필요한 정보를 수집하도록 한다(Sandall et al., 2000). 중도 장애아동은 다양한 특수교육 요구를 가지며, 강점, 능력, 요구를 파악하기 위해 여러 서비스 제공자의 참여가 자주 요구된다. 각 전문가는 아동이 자신의 환경적 맥락 안에서 어떻게 학습하고 기능하는지 파악하는 데 도움이 될 만한 퍼즐 한 조각씩을 들고 있다. 그러므로 기술에 대한 정보는 여러 전문가들이 시행한 진단을 통해 얻어진다. 그러나 임상 전문가들은 진단절차를 관찰하고 참여해야 할 뿐만 아니라 관련 서비스 제공자와 정기적으로 상담하고 의사소통해야 한다(Linder, 1993). 또한 임상 전문가가 중재를 계획, 실행, 통합, 평가하는 데 주요한 역할을 하기 때문에 그들은 발달 이론, 용어, 진단, 중재전략의 영역에 대한 기본적인 지식을 가지고 있어야 한다(Sandall et al., 2000). 또한 가족 구성원은 진단 팀, 적절한 개별화 진단전략에 방향을 제시할 뿐만 아니라 발달적 능력을 보여 주는 아동과의 상호작용을 이끌어 내는 데

필수적인 역할을 한다. 중도 중복장애를 가진 아동의 현재 기능 수준을 진단하는 데 적합한 도구와 절차(예: Morgan, & Watkins, 1989; Stillman, 1974)뿐만 아니라 특정 진단도구에 대한 보다 철저한 토론을 할 수 있게 돕는 자원도 있다(예: Bagnato et al., 1997; Mar & Cerruto, 2000).

다음은 아동의 ILP를 개발할 때 현재 기능 수준을 이해할 수 있는 요인이다. 현재 기능 수준을 확인할 때 진단해야 할 주요 발달 영역은 감각운동, 의사소통, 인지, 사회성 발달을 포함한다. 각 발달 영역은 서로 관련이 있고 따로 분리해서 진단할 수 없다. ILP에 대한 현재 기능 수준 범주를 개발할 때 팀이 고려해야 할 몇 가지 요인이 있다. 여기에는 아동의 진단명, 의료적 문제, 강점과 요구 영역, 싹트고 있는 기술, 기능적인 청력과 시력, 아동의 장애가 성장, 발달, 학습에 영향을 주는 방식 등이 포함된다. ILP의 현재 기능 수준의 확인은 현존하는 기술의 기능적 목록을 보여 주기 때문에 중요하다.

정보수집 범주 3: 선호와 강화

아동이 즐기는 자극, 사건, 활동은 아동이 선호하는 것이다. 개인

의 선호를 이해하고 확인함으로써 임상 전문가는 활동이나 교수에서 강화적이고 흥미를 일으키는 프로그램 내에 아동이 즐기는 경험을 삽입할 수 있다(Mason & Egel, 1995). 아동이 학습 경험을 의미 있고 즐거운 것으로 인식하면 그의 관심과 참여는 증가한다. 환경의 사물, 활동, 경험들에 반응하는 능력이 제한적인 중도 중복장애 아동에게 무엇이 동기를 부여하는지 확인하는 것은 쉽지 않다. 그러나 임상 전문가가 반응을 효과적으로 해석하고 아동이 좋아하는 것과 싫어하는 것을 확인하면 이러한 선호는 강력한 동기를 유발하는 강화제 역할을 할 수 있다. 중도 중복장애 아동의 선호/혐오를 평가할 수 있는 적절한 도구와 절차가 있다(예: Klein et al., 2000; Korsten, Dunn, Foss, & Francke, 1993; Mason & Egel, 1995).

아동의 선호를 파악하기 위한 두 가지 전략은 양육자로부터의 정보수집과 체계적이고 지속적인 강화 평가를 포함한다. 아동의 선호/혐오에 대한 정보는 모든 주요 양육자로부터 면담이나 질문지를 통해 수집해야 한다. 가족 구성원, 보육교사, 다른 중요한 양육자들은 매일의 일과에서 자신이 알고 있는 것을 바탕으로 아동의 흥미에 대한 가치 있는 정보를 제공한다(Klein et al., 2000).

아동의 선호와 관련하여 신뢰할 만한 정보를 수집하는 두 번째 방법은 체계적이고 지속적인 강화 평가다. 임상 전문가들은 선호를 체계적으로 평가하지 않고 아동에게 강화가 될 것이라고 믿는 가정을 자주 한다(Green, Reid, White, Halford, Brittain, & Gardner, 1988). 또한 아동의 선호는 사물이나 활동에 물리거나 지루해지는 것을 포함하여 많은 요인들로 인해 하루 동안에도 여러 차례 바뀔 수 있다(Mason, McGee, Farmer-Dougan, & Risley, 1989). 그러므로 첫 번째 강화 평가를 끝낸 후라도 임상 전문가는 중재계획을 실행하기 전에 정기적으로 강화 평가를 자주 해야 한다(Gast, Jacobs, Logan, & Murray, 2000). 예컨대, 임상 전문가와 양육자는 교수를 하기 전에 아동의 선호를 확인하기 위해 친숙한 것과 새로운 감각 자료와 장난감을 다양하게 제시할 수 있다.

아동이 좋아하는 것과 싫어하는 것을 확인하고 이해함으로써 임상 전문가는 아동이 선호하는 감각 양식을 확인할 수 있다(Korsten et al., 1993). 활동을 하고 자연적인 행동을 보일 때 아동의 반응은 선호하는 감각 자극의 특징을 알려 준다. 선호는 청각, 시각, 촉각, 후각, 미각, 사회적 양식 등에 걸쳐 평가된다(Mason & Egel, 1995). 또한 균형과 관련된 전정기관, 움직임과 공간 적응을 포함하는 자기 수용, 자세, 체중, 움직임을 의미하는 근감각과 같은 감각 양식도 고려해야 한다(Blaha et al., 1998). 선호하는 감각 양식의 목록이 확인되면, 그 양식으로부터 감각 투입을 제공하는 활동을 아동의 중재 프로그램에 포함시켜 동기를 부여하고 강화를 제공해야 한다(Korsten et al., 1993).

정보수집 범주 4: 반응 행동

반응 행동은 자극에 노출되었을 때 의도적이거나 반사적으로 보이는 개인의 반응 목록을 의미한다(Korsten et al., 1993). 반응은 중립적, 긍정적, 또는 부정적일 수 있으며 움직임, 발성, 애정 등과 같은 행동으로 나타난다. 선호와 혐오는 종종 개인이 활동, 경험, 사건에 대해 반응하는 방법으로 표현된다. 아동의 행동적 반응을 정확하

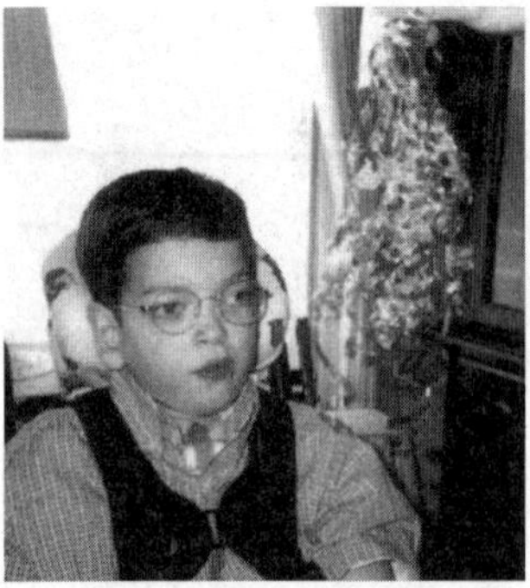

게 해석하여 아동이 좋아하는 것과 싫어하는 것을 이해하면 임상 전문가나 양육자는 아동의 의사소통적 의도를 인지하고 존중하며 동기를 부여하는 중재계획을 고안할 수 있게 된다. 또한 행동적 반응을 확인하고 해석하는 것은 아동의 기능적 강점과 능력에 대한 평가를 촉진한다. 이를테면, 아동의 개인적 반응 행동 목록을 확인한 임상 전문가는 아동이 어떻게 기술과 능력을 보여 주는지 좀 더 명확하게 이해할 수 있다.

사실 중도 중복장애 유아의 반응 행동을 해석하는 것은 상당히 어려운 일이다. 그러나 장애의 정도와 무관하게 모든 인간은 반응 행동을 보인다. 반응을 보이지 않는 아동이라 할지라도 구토 반사, 놀람, 하품, 맥박과 호흡의 변화 등과 같은 생리학적 반응을 보이는 자극에는 반응할 수 있다. 반응 행동을 확인하고 해석하기 위한 체계적인 진단을 시행하여 임상 전문가는 아동이 요구와 필요를 표현하고 기능적 능력을 보여 주는 무의도적으로 사용하는 신호를 이해하기 시작한다(Korsten et al., 1993). 중도 중복장애 유아의 반응 행동을 평가하기에 적절한 도구와 절차가 있다(예: Blaha et al., 1998; Guy et al., 1993; Klein et al., 2000; Korsten et al., 1993). 다음은 아동의 ILP를 개발할 때 반응 행동 해석을 이해할 수 있는 몇 가지 요인이다. 각각의 요인을 살펴보기 위해 니콜라스의 예를 보자.

불규칙/반사 반응 행동의 평가 니콜라스의 반응 행동의 확인과 해석은 임상 전문가가 자극, 활동, 상호작용에 대한 그의 신체적 반응을 관찰하는 것에서부터 시작된다. 니콜라스의 반응 중 어떤 것들은 밝은 빛에 대한 반응과 같이 반사적이다. 불을 켜거나 끄면 그는 반사적으로 눈을 뜨거나 감고 입을 벌렸다 다물었다. 니콜라스는 또한 소리에 강한 놀람 반응을 보였다. 불규칙적 반사 행동은 의사소통과 기능적인 기술의 발달을 촉진하기 위해 의도적 반응으로 형성될 수 있다. 예를 들어, 임상가는 길고 화려한 색깔의 리본으로 감은 막대기를 손에 감아 눈앞에서 천천히 움직여 그의 시각 운동 체계를 통합하는 기제로 사용하여 니콜라스의 반사적 쥐기에 이용한다.

의도적 반응 행동의 평가 니콜라스의 신체적 반응 행동의 목록을 확인하기 위해 임상가는 자극, 활동, 상호작용에 대한 그의 불규칙적인 의도적 반응을 체계적으로 평가한다. 니콜라스는 대개 감정, 시선, 움직임, 발성을 변화시켜 반응 행동을 보인다. 다시 말해, 니콜라스는 시각적 자극에 대해 시선을 바꾸고, 몸을 경직시키고, 미소, 웃음, 발성 등을 변화시키는 반응 행동을 보인다. 또한 혐오하거나 좋아하는 자극에 일관된 의도적 반응 행동을 보인다. 과도한 자극이나 화나고 불편할 때 얼굴을 찡그리고, 울고, 근육 긴장이 증가한다. 반면, 기쁠 때는 미소 지으며, 웃고, 소리를 낸다.

신체적 반응 행동의 평가 반응 행동을 체계적으로 평가할 때는, 니콜라스가 다양한 자세로 있을 때 그의 수의적 운동과 불수의적 운동을 평가하는 것이 중요하다. 다음과 같은 질문이 고려되어야 한다.

- 어떤 상태가 니콜라스의 기능적 기술의 수행과 확장을 지원하는가?
- 니콜라스가 스스로 할 수 있는 것은 무엇인가?
- 니콜라스가 필요로 하는 것은 무엇인가?

또한 니콜라스의 신체적 반응 행동은 그의 강점과 능력을 나타낸다. 예를 들어, 시력 전문가의 지도를 받아 임상가는 시각적 자극에 대한 반응을 확인하고, 손전등을 앞에서 들고 그가 보는지 확인하기 위해 그의 반응을 살펴서 니콜라스의 기능적 시력을 평가했다. 고려해야 할 질문은 다음과 같다.

- 니콜라스가 보이는 반응 행동은 무엇인가?
- 눈을 깜박이거나 응시하는가?
- 니콜라스는 신체 움직임을 정지하거나 심하게 움직일 수 있는가?

임상가는 또한 그가 가장 잘 보는 곳이 어디인지 알아보기 위해 손전등을 여러 방향으로 움직이고, 그가 반응을 보일 때 그의 자세를 확인하여 시야를 평가하였다. 니콜라스의 반응 행동을 평가하여 임상가는 그가 자신의 필요와 요구를 표현하고 그의 기능적 능력을 보이기 위해 수의적이거나 반사적으로 사용하는 목록을 확인할 수 있다.

정보수집 범주 5: 물리적, 사회적 환경

영유아가 어떻게 자신의 세계와 상호작용하는지 파악하는 것이 평가의 실제다. 가장 효과적인 아동 능력의 평가는 친밀한 양육자와의 자연적인 상호작용의 맥락에서 발생한다(Sandall et al., 2000). 그러므로 평가 절차는 아동의 물리적, 사회적 환경을 고려하는 것이 중요하다. 영유아는 반응적인 물리적 환경뿐만 아니라 긍정적이고 지원적인 사회적 상호작용을 경험할 때 가장 잘 배운다. 발달에 적합한 중재는 영유아에게 선택을 하고 독립성을 발달시키고 환경과 의미 있게 상호작용하는 기회를 제공한다(Bredekamp & Copple, 1997). 그러나 중도장애 유아의 성장과 발달은 독립적 학습과 놀이 기회의 제한으로 인해 종종 어려워진다. 이러한 아동들은 자신의 반응의 의미를 해석하고, 무엇이 자신에게 동기를 부여하는지 확인하고, 독립적 놀이의 기회를 제공하는 데 있어서 양육자에게 상당히 의존한다. 또한 반응적인 사회적 상호작용은 아동의 단서를 해석하는 어려움 때문에 제한적이다. 아동의 물리적, 사회적 환경 내에서 상호작용의 기회에 대한 정보를 제공하는 도구와 절차들이 있다(예: Guy et al., 1993; Klein et al., 2000; Mar & Sall, 1999). 다음은 아동의 ILP를 개발할 때 물리적, 사회적 환경에 대해 고려해야 할 요인들이다.

물리적 환경의 평가 평가절차는 아동이 상호작용하고 영향을 미치는 세계에서 이용할 수 있는 기회를 확인하는 것으로부터 시작된다. 아동이 독립적으로 상호작용하는 데 제한적인 능력을 가졌다면 양육자는 자녀에게 반응적이고 통제할 수 있는 물리적 환경을 경험할 수 있는 기회를 제공해야 한다. 따라서 중도 중복장애 영유아를 평가할 때 임상가는 아동이 할 수 있는 것뿐만 아니라 어떤 환경을 제공할 수 있는지 고려해야 한다. 특히 다음의 질문을 고려해야 한다.

- 아동은 독립적 놀이에 참여할 기회를 갖는가?
- 아동이 좋아하는 자료, 활동, 경험들을 선택하는가?
- 개별 아동의 상호작용할 신체적 능력에 맞게 접근 가능한 환경과 경험인가?
- 소음 수준, 실내 온도, 자연광과 인공광 같은 환경 조건은 아동의 학습과 각성 스타일에 도움이 되는가?

사회적 환경의 평가 사회적 환경은 아동과 주 양육자, 또래가 상호작용에 참여할 수 있게 하는 기회를 포함한다. 중도 중복장애 영유아에게 조기 의사소통은 다독여 주기, 애착, 단서 해석, 차례지키기 게임 등과 같은 활동으로 이루어지는 양육적이고 반응적인 관계를 형성하는 데서 시작된다(Klein et al., 2000). 사회적 환경을 평가할 때 고려할 질문은 다음과 같다.

- 양육자는 아동의 반응의 의미를 일관되게 해석할 수 있는가?
- 아동은 사회적 상호성에 초점을 맞춘 일대일 상호작용(예: 차례지키기 게임)의 기회를 자주 갖는가?
- 양육자는 아동 행동의 의사소통적 기능을 알아차리고 반응하는가?

아동과 환경과의 반응적 상호작용의 결과로 학습이 일어난다는 것에 기초하여 ILP를 위한 물리적, 사회적 환경을 고려한다.

ILP 과정의 개요

ILP 과정은 프로그램 계획을 위한 진단의 계획과 실행에 협력할 팀이 구성되었을 때 시작한다. 이때 학습 능력을 평가하기 위해 사용될 도구와 전략들에 대한 결정이 이루어진다. ILP 모델은 ① 생물행동적 각성 상태, ② 현재 기능 수준, ③ 선호와 강화, ④ 반응 행동, ⑤ 물리적, 사회적 환경의 다섯 범주에서 진단자료를 수집하여 학습에 포함된 기본 과정에 대한 정보를 수집하기 위한 변수들을 파악한다. 앞에서 살펴본 것과 같이, 각각의 다섯 범주 내에서 팀이 선택할 수 있는 평가도구와 절차를 제안하는 목록이 있다(〈표 2〉 참조). 목록이 모든 것을 포함하는 것은 아니지만 확인된 자원들은 중도 중복장애 영유아를 진단하는 데 적절한 것들이다.

팀이 수집해야 할 정보유형에 익숙해짐에 따라 형식적 도구를 보충할 수 있는 비형식적 도구와 자료수집 양식을 고안할 수 있다. 따라서 진단절차가 완료되면 아동의 능력에 대한 개별적 프로파일이 만들어질 것이다. 팀은 진단결과를 공유하고 논의하며, 이 정보를 바탕으로 상호관련된 강점 중심의 보고서를 작성한다. 보고서는 기능적 기술과 발달적 능력을 나타낼 뿐만 아니라, 아동의 각성 수준, 선호, 신체적 반응 행동, 학습과 상호작용 스타일의 관련성을 논의한다. 이 외에도 팀은 물리적, 사회적 환경이 어떻게 아동의 학습과 발달을 지지할 수 있는지 고려한다.

〈표 2〉 학습 능력을 평가하는 도구와 절차의 자원 목록

범주 1: 생물 행동적 각성 상태

제목: Thoughts on the Assessment of the Student With the Most Profound Disabilities
저자: R. Blaha, S. Shafer, M. Smith, & K. Moss

제목: Project ABLE Manual: Analyzing Behavior State and Learning Environments
저자: B. Guy, M. Ault, & D. Guess

제목: Carolina Record of Individual Behavior(CRIB)
저자: R. J. Semeonsson, G. S. Huntington, R. J. Short, & W. B. Ware

범주 2: 현재 기능 수준

제목: Assessment of Developmental Skills for Young Multihandicapped Sensory Impaired Children: An Instructional Manual for the INSITE Developmental Checklist
저자: E. Morgan & S. Watkins(Eds.)

제목: Callier-Azusa Scale(CAS): Assessment of Deaf-Blind Children
저자: R. Stillman

제목: Linking Assessment and Early Intervention: An Authentic Curriculum-Based Approach
저자: S. J. Bagnato, J. T. Neisworth, & S. M. Munson

제목: Psychoeducational Assessment of Students Who Have Severe, Multiple Disabilities Including Deafblindness
저자: H. H. Mar & A. Cerruto

범주 3: 선호와 강화

제목: Promoting Learning Through Active Interaction: A Guide to Early Communication With Young Children Who Have Multiple Disabilities
저자: M. D. Klein, D. Chen, & M. Haney

제목: Every Move Counts: Sensory-Based Communication

Techniques
저자: J. E. Korsten, D. K. Dunn, T. V. Foss, & M. K.Francke

제목: What Does Amy Like? Using a Mini-Reinforcer Assessment to Increase Student Participation in Instructional Activities
저자: S. A. Mason & A. S. Egel

범주 4: 반응 행동

제목: Thoughts on the Assessment of the Student With the Most Profound Disabilities
저자: R. Blaha, S. Shafer, M. Smith, & K. Moss

제목: Project ABLE Manual: Analyzing Behavior State and Learning Environments Profile
저자: B. Guy, M. Ault, & D. Guess

제목: Promoting Learning Through Active Interaction: A Guide to Early Communication With Young Children Who Have Multiple Disabilities
저자: M. D. Klein, D. Chen, & M. Haney

제목: Every Move Counts: Sensory-Based Communication Techniques
저자: J. E. Korsten, D. K. Dunn, T. V. Foss, & M. K. Francke

범주 5: 물리적, 사회적 환경

제목: Project ABLE Manual: Analyzing Behavior State and Learning Environments
저자: B. Guy, M. Ault, & D. Guess

제목: Promoting Learning Through Active Interaction: A Guide to Early Communication With Young Children Who Have Multiple Disabilities
저자: M. D. Klein, D. Chen, & M. Haney

제목: Dimensions of Communication: An Instrument to Assess the Communication Skills and Behavior of Individuals With Disabilities
저자: H. H. Mar & N. Sall

참조: 〈표 2〉에 나타난 도구와 절차에 대한 출판 정보는 참고 문헌을 확인하기 바람.

ILP를 통해 파악된 포괄적인 진단정보를 이용하여 팀은 독립적 놀이, 직접적이고 체계적인 교수, 삽입된 학습 기회를 제공하는 프로그램 목적과 목표 활동을 계획한다. ILP는 최초의 프로그램 계획이 결정된 후에도 계속되는 유동적이고 지속적인 과정이다. 진단과 프로그램이 서로 연계되었다는 것을 인지하고, 팀은 중재의 효과를 평가하고 필요한 경우 프로그램을 수정하기 위해 지속적으로 진도를 모니터링해야 한다. 지속적인 진단과정은 중도 중복장애 영유아가 다른 모든 아동과 마찬가지로 건강, 성장, 발달에 변화를 보인다는 것을 인식해야 한다. 다음의 사례는 브라이스의 학습 스타일과 능력을 설명한 ILP에서 나온 정보이며 프로그램 계획을 통해 한 활동이라는 점을 강조한다. 이 전통적인 손상 중심 또는 치료 중심 접근보다는 강점 중심 철학은 브라이스의 능력을 바탕으로 한 활동을 고안하는 데 사용할 수 있는 진단정보를 알려준다.

브라이스는 발성의 차례 지키기, 적절한 때의 미소, 웃음, 울음 등과 같은 감정 표현 등을 포함하는 많은 강점을 가지고 있다. 그는 발성, 얼굴 표정, 과다한 팔 움직임 등을 통해 불편함, 저항, 기쁨을 표현한다. 브라이스는 매우 사회적이며, 끌어안는 것과 같은 신체적 접촉 활동을 좋아한다. 그는 특히 친숙한 목소리, 음악, 환경음 등과 같은 청각적 자극에 민감하다. 브라이스는 청각적 자극을 더 좋아하지만 그의 개인적 공간의 14인치 이내의 사물을 추적하는 데 자신의 시력을 사용할 수 있다. 그는 등을 지지해 주며 누워 있을 때 팔을 크게 밖으로 뻗어 마구 흔들 수 있다.

브라이스의 양육자와 임상가는 14인치 이내의 시야와 팔을 마구 뻗을 수 있다는 능력이 강점임을 알 수 있다. 인과관계에 초점을 맞춘 프로그램 목적을 다루기 위해서 그들은 소리 공명이 잘 되는 놀이 바닥을 고안하기 위해 협력하였다. 브라이스가 누워 있을 때 14인치 위에 있는 막대기에 사물이나 장난감을 걸어 둔다. 선택된 모든 사물들은 브라이스가 좋아하는 음악과 소리, 불규칙적인 팔 움직임으로 사물과 상호작용하는 능력을 고려하였다. 브라이스의 팔이 사물과 상호작용할 때, 그의 행동에 대한 결과로 음악이나 소리가 상으로 주어진다. 그가 음악을 듣는 몇 초 동안 그는 꼼짝 않고 의도적으로 음악을 들으며 귀는 민감해지고 커다란 미소를 짓는다. 음악이나 소리가 끝나고 몇 초 후 그는 팔을 다시 흔들기 시작한다. 결과적으로 브라이스는 반응적이고 통제 가능한 환경에서 독립적으로 놀 수 있는 기회를 경험하는 것이다.

결 론

ILP 모델은 임상가와 팀에게 중도 중복장애 영유아를 위한 중재계획에 최초와 추후 평가를 계획하고 실행하는 과정의 이론적 설명과 개요를 제공한다. 아동의 학습 스타일과 능력에 대한 강점 중심의 정보는 ① 생물 행동적 각성 상태, ② 현재 기능 수준, ③ 선호와 강화, ④ 반응 행동, ⑤ 물리적, 사회적 환경의 다섯 범주의 진단자료를 수집하여 알 수 있다. 팀은 ILP 진단 모델을 사용하여 목적과 목표, 독립적 놀이의 기회를 고안하는 데 유용한 활동을 확인할 뿐만 아니라 매일의 일과에서 직접적이고 체계적인 교수와 삽입된 학습 기회를 제공한다. 적절한 프로그램으로 중도 중복장애 영유아는 독립적이고 능동적인 학습자로서의 자신의 잠재력을 깨달을 수 있다.

주

Kimberly A. Christensen의 연락처: 이메일 kchris@bgnet.bgsu.edu
본 논문에 제시된 활동은 미국 교육부 특수교육국의 기금(H029A70142, H325A990084)으로 일부 지원받은 것이다.

참고문헌

Bagnato, S. J., Neisworth. J. T., & Munson. S. M. (1997). *Linking assessment and early intervention: An authentic curriculum-based approach*. Baltimore. Paul H. Brookes.

Blaha, R., Shafer, S., Smith, M., & Moss, K. (1998). Thoughts on the assessment of the student with the most profound disabilities. In Texas School for the Blind and Visually Impaired Outreach Program (Ed.), *Students with profound impairments: Gathering information and planning instruction* (pp. 2-10) [Information packet]. Austin, TX: Texas School for the Blind and Visually Impaired Outreach Program.

Brazelton, T. B. (1984). *Neonatal behavioral assessment scale* (2nd ed.). Philadelphia, PA: Lippincott, Spastics International Medical Publications.

Bredekamp, S., & Copple, C. (Eds.)(1997). *Developmentally appro-*

priate practice in early childhood programs (Rev. ed.). Washington, DC: National Association for the Education of Young Children (NAFYC).

Christensen, K. A., & Mandell, C. J. (2001a). *Volume I: An introduction to enhancing the assessment of infants, toddlers, and young children with intensive special needs* [Videotape]. Bowling Green, OH: Bowling Green State University, Division of Intervention Services.

Christensen, K. A., & Mandell, C. J. (2001b). *Volume II: The ENHANCE model of assessment for infants, toddlers, and young children with intensive special needs* [Videotape]. Bowling Green, OH: Bowling Green State University, Division of Intervention Services.

Gast, D. L., Jacobs, H. A., Logan, K. R., & Murray, A. S. (2000). Pre-session assessment of preferences for students with profound multiple disabilities. *Education and Training in Mental Retardation and Developmental Disabilities, 35*, 393-405.

Green, C. W., Reid, D. H., White, L. K., Halford, R. C., Brittain, D. P., & Gardner, S. M. (1988). Identifying reinforcers for persons with profound handicaps: Staff opinion versus systematic assessment of preferences. *Journal of Applied Behavior Analysis, 21*, 31-43.

Guess, D., Mulligan-Ault, M., Roberts, S., Struth, J., Siegal-Causey, E., Thompson, B., Bronicki, G. J., & Guy, B. (1988). Implications of biobehavioral states for the education and treatment of students with the most handicapping conditions. *Journal of the Association for Persons With Severe Handicaps, 13*, 163-174.

Guess, D., Siegal-Causey, E., Roberts, S., Guy, B., & Rues, J. (1993). Analysis of state organizational patterns among students with profound disabilities. *Journal of the Association for Persons With*

Severe Handicaps, 18, 93-108.

Guy, B., Ault, M., & Guess, D. (1993). *Project ABLE manual: Analyzing behavior state and learning environments profile.* Lawrence, KS: University of Kansas, Department of Special Education.

Klein, M. D., Chen, D., & Haney, M. (2000). *Promoting learning through active interaction: A guide to early communication with young children who have multiple disabilities.* Baltimore: Paul H. Brookes.

Korsten, J. E., Dunn, D. K., Foss, T. V., & Francke, M. K. (1993). *Every move counts: Sensory-based communication techniques.* San Antonio, TX: Therapy Skill Builders.

Linder, T. W. (1993). *Transdisciplinary play-based assessment* (Rev. ed.). Baltimore: Paul H. Brookes.

Mar, H. H., & Cerruto, A. (2000). *Psychoeducational assessment of students who have severe, multiple disabilities including deafblindness: Assessment tools manual.* Unpublished manuscript, St. Luke's Roosevelt Hospital center.

Mar, H. H., & Sall, N. (1999). *Dimensions of communication: An instrument to assess the communication skills and behaviors of individuals with disabilities.* New York: St. Luke's Roosevelt Hospital center.

Mason, S. A., & Egel, A. L. (1995). what does Amy like? Using a mini-reinforcer assessment to increase student participation in instructional activities. *Teaching Exceptional Children, 28*(1), 42-45.

Mason, S. A., McGee, G. G., Farmer,-Dougan, V., Risley, T. R. (1989). A practical strategy for ongoing reinforcer assessment. *Journal of Applied Analysis, 22*(2), 171-179.

Morgan, E., & Watkins, S. (Eds.) (1989). *Assessment of developmental skills for young multihandicapped sensory impaired children: An instruction manual for the INSITE developmental checklist*. Logan, UT: Hope Inc.

Nelson, C., Johnston, S., & McDonnell, A. (2000, December 9). *Getting to know you-Child-guided strategies for understanding children with severe disabilities: The van Dijk approach to assessment*. Paper presented at the DEC International Early Childhood Conference on Children With Special Needs, Albuquerque, NM.

Noonan, M. J., & McCormick, L. (1993). *Early intervention in natural environments: Methods and procedures*. Belmont, CA: Brooks/Cole.

Sandall, S., McLean, M. E., & Smith, B. J. (2000). *DEC recommended practices in early intervention/early childhood special education*. Longmont, CO: Sopris West.

Simeonsson, R. J., Huntington, G. S., Short, R. J., & Ware, W. B. (1988). *The Carolina record of individual behavior (CRIB): Charateristics of handicapped infants and children*. Chapel Hill, NC: Frank Porter Graham Child Development Center, University of North Carolina at Chapel Hill.

Stillman, R. (1974). *Callier-Azusa scale(CAS): Assessment of deaf-blind children*. Reston, VA: Council for Exceptional Children (CEC).

생태학적 진단과 계획

Linda McCormick, Ph.D., University of Hawaii
Mary Jo Noonan, Ph.D., University of Hawaii

중재계획 결정

장애영유아의 선별과 지원에 필요한 모든 진단평가 결정 중에서 중재계획과 관련된 결정은 여러 면에서 가장 중요하면서 어려운 일이다. 중재관련 주요 결정은 다음과 같다.

1. 중재의 장단기 목표는 무엇인가?
2. 중재는 어디에서 제공되어야 하는가?
3. 어떻게 중재가 제공되어야 하는가?
4. 언제 중재가 제공되어야 하는가?
5. 어떻게 중재를 지속적으로 평가할 것인가?

이러한 질문에 답하고 계획 과정의 지침이 되는 이론적 체계는 생태학적 이론이다. 생태학적 이론은 Barker(1968)와 Bronfenbrenner

(1979)의 생태심리학에서 비롯된다. 주요 핵심 논제는 행동은 맥락을 떠나서는 이해할 수 없다는 것이다. 구체적으로 Bronfenbrenner (1977)는 진단결과가 활동과 아동의 자연적 환경 내 사람들의 사회적, 행동적, 교육적 기대와 다르다면, 이를 중재계획에 활용할 수 없을 것이라고 주장하였다. 통합 환경에 유아의 참여를 촉진하는 계획을 세우려면, 먼저 아동이 속한 환경의 요구 및 기대와 관련된 아동의 행동을 고려해야 한다. 본 논문과 제1저자와 동료들의 다른 논문에서(McCormick & Noonan, 1996; McCormick, Wong, & Yogi, 2002) 설명한 진단과정은 유아학급에서의 생태학적 진단절차를 적용한 내용이다. 그러나 똑같은 절차를 다른 자연적 환경(예: 집, 지역사회, 여가활동)에도 쉽게 적용할 수 있다.

특수교육 서비스의 적격성 판정에 사용되는 진단도구는 표준화 검사를 사용하여 아동의 수행을 규준집단과 비교한다. 전통적인 발달 검사들은 아동이 지닌 기술을 평가하여 아동의 발달적 손상을 확인한다. 예컨대, 검사결과, 3세 아동이 2세 수준으로 기능한다고 보고된다. 좀 더 구체적으로, '아동이 ① 6가지 다른 색깔을 인지하지 못한다, ② 5가지 다른 모양의 이름을 말하지 못한다, ③ 두 발로 앞으로 뛰지 못한다, ④ 목적을 위한 수단을 알지 못한다, ⑤ 상상 놀이에 참여하지 못한다'라고 하는 것이다. 그러나 이러한 유형의 검사도구들의 문제는 그 결과들이 중재에 대한 안내에는 적합하지 않다는 것이다. 아동이 유아학급에서 또래들과 독립적인 활동에 참여하기 위해서 무엇을 배워야 하는지 또는 가족과 매일의 일과(예: 식사, 공원에 놀러 가기, 장 보기)에 참여하기 위해서 무엇을 배워야 하는지에 대해서는 검사결과가 말해 주지 않는다.

1970년대 말 Brown과 동료들(1979)이 중도 중복장애 학습자들을 위한 장단기 목표를 개발하는 데 처음으로 적용한 생태학적 평가는 현재는 통합 환경을 포함한 많은 환경에서 다양한 수준과 다양한 유형의 장애아동에게 광범위하게 사용된다(예: Edmiaston, Dolezal, Doolittle, Erickson, & Merritt, 2000; Grisham-Brown & Hemmeter, 1998; Haney & Cavallaro, 1996; McCormick & Noonan, 1996). 이 과정을 통해서 우리는 아동이 무엇을 배울 필요가 있는지, 언제 어디서 중재를 해야 하는지, 아동이 새로운 기술을 학습하도록 하기 위해 어떤 수정과 지원이 제공되어야 하는지, 자료수집을 위해 어떤 기회가 이용 가능한지를 알 수 있다. 자료수집을 위해 어떤 기회가 이용 가능한지를 아는 것은 특히 통합 환경의 많은 유아교사에게 현실적이며, 기능적 목표의 자료수집 절차를 확인하는 데 중요하다.

생태학적 진단과 계획 과정을 실행하는 데 두 가지 기본적인 단계가 있다. 첫 번째, 장단기 목표를 세우는 것이다. 이는 ① 매일의 활동과 일과에서 일반적으로 기대하는 아동의 행동을 목록화하고, ② 특수교육대상 아동이 현재 가진 기술과 능력을 일반적인 기대와 비교하고, ③ 개별 아동을 위한 기능적인 장단기 목표를 개발한다. 두 번째 단계는 ① 확인된 장단기 목표들을 학습하고 연습할 기회가 하루 중 언제 제공될 것인지 상세하게 계획하고, ② 어떤 수정과 지원이 제공될지 결정하고, ③ 진도를 어떻게 점검할 것인지 결정하는 표(matrix) 계획이다.

생태학적 진단과 계획 과정을 설명하는 가장 좋은 방법은 예를 드는 것이므로 아담의 과정을 예로 들어 보겠다.

아담의 사례

아담은 알로하 지역사회 유치원에 다닌 지 1주가 되었다. 아담이 또래에 비해 키가 작기 때문에 사람들은 아담을 4세보다 훨씬 어리게 본다. 다운증후군과 관련한 선천적인 심장병으로 인해 그는 지난 4년 동안 많은 시간을 병원에서 지냈다. 혼자 아이들을 키우는 아담의 엄마는 여러 번의 수술 후에 아담이 형과 같은 지역사회 유치원에 다니게 된 것을 기뻐했다.

아담이 좋아하는 것은 매우 분명하다. 아담은 음악, 밀어 주는 그네 타기, 물과 모래놀이, 큰 블록, 공룡, 장난감 자동차를 좋아한다. 아담이 싫어하는 것 역시 분명하다. 아담은 미끄럼틀, 오르는 기구, 세발자전거(아마 경험이 없어서이거나 근긴장도나 힘이 부족해서일 것이다)를 싫어한다. 또한 그는 정교한 소근육 운동을 요하는 활동(예: 가위와 풀 사용하기, 작은 조각들로 된 퍼즐)을 회피한다. 선택권이 주어졌을 때(예: 장난감, 자료, 활동, 음식), 아담은 자신이 원하는 것을 손으로 잡거나 그냥 가 버린다. 아담은 몇 개의 단어를 사용하지만 대부분 몸짓과 얼굴 표정으로 의사소통한다. 그는 간단한 지시를 따르고, 몇 가지 색과 모양을 짝 맞추고, 가끔 또래를 모방한다. 아담의 엄마는 아담이 집에서 6세인 형 주위를 따라다니고 형이 하는 모든 것을 따라 하려고 한다고 보고하였다. 아담은 책을 읽어 주면 들으려고 하고 페이지를 넘기거나 짧은 시간 동안 그림책을 보기도 한다. 아담은 아직 공유하거나 차례를 지키는 것은 못한다. 아담은 활동을 하는 주위에서 참여하지는 않고 그냥 바라보면서 서 있는 경향이 있다. 예를 들어, 이야기 나누기 시간에 교사가 큰 블록을 쌓는 아이들 그룹에 들어오라고 하면 그는 블록을 한 아름 들고 블록 영역의 구석으로 가서 다른 아이들과는 등을 돌린 채 앉아서 논다. 가끔 실수를 하기도 하는데 용변은 스스로 볼 수 있으나 뒤처리 시 도움이 필요하고 옷을 입을 때도 약간의 도움이 필요하다. 아담은 대부분의 음식을 좋아하고 스스로 먹으며 컵으로 물과 음료를 마시며 별로 흘리지 않는다.

아담이 유치원에 다니기 시작한 첫 주 목요일에 팀은 알로하 지역사회 유치원에서 사용하고 있는 발달에 적합한 교육과정(Bredekamp & Copple, 1997)을 반영해 아담을 위한 적절한 학습 목표를 개발하기 위해 모였다. 팀은 셀리나(교사), 리사(교육보조원), 제시(자문유아특수교사), 성리(언어치료사), 켈리(아담의 엄마)를 포함한다. 조나단(작업치료사)은 이 회의에 참석하지 못했다. 아담의 엄마 켈리는 팀에서 특히 중요한 구성원이다. 그녀는 아담의 현재 능력을 설명하고 교수와 훈련의 목적이 될 기술을 파악하는 데 중요한 역할을 할 것이다.

아담은 이 학급에 통합될 첫 번째 장애아동이다. 제시, 성리, 조나단은 매주 학급을 방문하여 셀리나, 리사와 상담하고 아담을 관찰한 뒤 함께 활동할 것이다. 가끔 그들은 아담과 개별적으로 활동을 하지만, 대부분은 또래와 함께 소그룹으로 활동할 것이다.

진단과 계획 과정이 시작되기 전에, 팀은 아담의 목표에 다음 사항들이 고려되도록 토론하였다.

• 목표가 유치원의 통합 교육과정을 이끄는 발달에 적합한 실제

와 일치하도록 조정할 것

- 매일의 활동과 일과의 맥락에서 목표를 다루고 측정할 것
- 신변처리기술, 선택하기, 우정과 긍정적인 인간관계 형성하기에 대한 아담 부모의 관심사를 목표로 다룰 것

〈표 1〉 생태학적 진단과 계획 과정

단계 1: 매일의 활동과 일과를 목록화한다. 일상적으로 일어나는 순서대로 활동과 일과를 나열한다.
단계 2: 기대하는 주요 행동을 목록화한다. 각각의 활동/일과에 대해 아동들(즉, 전체학급)이 활동에서 보여 주기를 기대하는 주요 행동을 나타낸다. 물론 모든 아동이 모든 활동에서 모든 행동을 보여 주지는 않을 것이다.
단계 3: 현재 수행을 평가한다. 매일의 활동과 관련하여 아동의 강점, 교수적 요구를 고려한다. 진단양식에 아동이 그 행동을 할 수 있는지, 학습해야 하는지를 ✓ 표시하고 설명란에 관련된 관찰 내용을 쓴다([그림 1] 참조).
단계 4: 목표를 세운다. 아동이 학급의 활동/일과에 독립적으로 참여할 수 있도록 목표를 세운다.
단계 5: 수정과 지원을 계획한다. '생태학적 진단과 계획 양식'의 목표에 대한 간결한 진술을 '수정, 지원, 자료수집 양식'으로 옮긴다([그림 2] 참조). 어떤 수정과 지원이 있을 때 아동이 목표를 학습하고 연습할 수 있는지 결정한다. 수정과 지원의 4가지 범주는 ① 비계 설정과 연습하기, ② 과제나 자료를 수정하기, ③ 과제에 대한 기대 바꾸기, ④ 또래 지원 계획하기다.
단계 6: 누가 수정과 지원을 제공할 것인지 결정한다. 각 목표에 대해 누가 지원하고 교수할 책임이 있는지 나타낸다.
단계 7: 자료수집 기회와 절차를 계획한다. 표의 가로 축에 아동의 목표를 나열하고 세로 축에 매일의 일과와 활동을 나열한다([그림 3] 참조). 각 칸에 행동에 대한 기회와 반응, 설명을 기록한다.

- 모든 팀원(관련 서비스 제공자, 부모, 교사)의 우선순위를 목표에 반영할 것
- 아담이 학급의 일원이 되도록 지원하는 목표를 만들 것

따라서 팀원들은 생태학적 진단과 계획 과정을 시작하였다. 그들은 또한 아담의 진도를 평가하고 계획을 수정할 필요가 있어 팀이 회의를 할 경우 아담의 엄마가 참석할 수 있는 요일과 시간을 확인하였다. 과정의 단계에 대한 설명과 요약이 〈표 1〉에 제시되었다.

생태학적 진단과 계획 과정

단계 1: 매일의 활동과 일과를 목록화한다

이 과정을 시작하기 위해 팀은 통합유치원 교실에서 일상적으로 일어나는 순서대로 활동과 일과를 나열한다. 그리고 '생태학적 진단과 계획 양식'을 사용하여([그림 1] 참조) 팀은 '활동/일과'라고 쓰인 첫 칸에 각 활동과 일과의 제목을 쓴다. [그림 1]의 예는 아담의 '생태학적 진단과 계획 양식'을 완성한 처음 두 페이지를 보여 주는 것이다. 6가지의 부가적인 활동을 담은 내용이 두 페이지 더 있다.

단계 2: 기대하는 주요 행동을 목록화한다

각 활동/일과에서 아동에게 기대되는 주요 행동을 나타낸다. 예

생태학적 진단과 계획 양식

팀원: 셀리나, 리사, 제시, 성리, 켈리, 조나단

아동: 아담　　　　날짜: 2010년 3월 10일

활동/일과와 기대	할 수 있다	학습해야 한다	설명	목표
활동/일과　등원				
"안녕."이라고 말하고 "잘 지냈니?"에 반응한다.		✓	반응 없이 교사를 보고 안으로 들어간다.	등원하면 문 앞에서 교사에게 인사할 것이다.
부모에게 "바이, 바이"라고 말한다.	✓			
소지품을 사물함에 넣는다.	✓		자기 사진을 보고 자기 물건을 사물함에 넣는다.	
장난감을 고르고 테이블이나 놀이영역에서 논다.		✓	교실을 그냥 돌아다니고 무엇을 해야 하는지 잘 모르는 것 같다.	등원하면 장난감이나 활동 영역을 고를 것이다.
또래와 장난감을 가지고 놀거나 공유한다.		✓	평행놀이만 한다.	또래와 함께 협동적으로 놀 것이다.
활동/일과　이야기 나누기 시간				
카펫으로 가서 둥글게 앉는다.	✓		다른 아동을 따라간다.	
교사를 주시하고 주의 집중한다.	✓			
손을 들고 "네."라고 말한다.		✓	손을 들지만 말은 하지 않는다.	교사가 호명하면 (손을 들고) 구어로 반응할 것이다.
노래에 따라 율동한다.	✓		보고 또래를 모방하려고 시도한다.	
이야기에 대한 질문을 했을 때 대답한다.		✓	반응을 하지 않는다.	이야기에 대한 질문에 손으로 가리키거나 구어로 반응할 것이다

(계속)

활동/일과와 기대	할 수 있다	학습해야 한다	설명	목표
활동/일과 미술				
자료를 요구하고 정리한다.		✓	테이블에서 자료를 가져가야 한다는 것을 이해하지 못한 것처럼 보인다.	독립적으로 미술자료를 테이블에서 가져올 것이다.
자료를 적절히 사용한다.		✓	자르고 풀칠하는 것이 어렵고 크레용은 잘 사용한다.	독립적으로 자르고 풀칠할 것이다.
활동 지시를 따른다.		✓	활동의 첫 단계를 한 후 무엇을 해야 하는지 잊어버린다.	미술활동에서 2-3단계 지시를 따를 것이다.
자료를 공유하고 차례를 지킨다.		✓	공유하라고 하면 가위/풀을 바닥에 던진다.	미술활동 시간에 자료를 공유할 것이다.
자료를 정리하고 치운다.	✓		또래를 모방한다.	
활동/일과 간식				
손을 씻고 닦은 후 휴지를 버린다.	✓		씻고 난 후 수도 주위를 가끔 떠나지 않는 문제를 보인다.	
접시와 냅킨을 건네준다.	✓			
의자를 찾아 앉는다.	✓			
혼자 먹고 마신다.	✓		작은 컵으로 잘 마시며 주는 음식을 다 먹는다.	
쓰레기를 쓰레기 통에 버린다.	✓			

[그림 1] 아담을 위한 생태학적 진단과 계획

를 들어, [그림 1]과 같이 아담의 학급에서 '등원' 일과의 주요 행동은 ① 교사에게 인사하고 "안녕"이란 인사에 대해 반응하기 ② 부모에게 "바이, 바이"라고 말하기 ③ 사물함에 소지품 넣기 ④ 장난감을 골라 테이블이나 놀이 영역에서 놀기 ⑤ 또래와 놀고 공유하기다.

물론 모든 아동이 모든 활동에서 모든 행동을 보여 주지는 않는다. 그러나 중요한 것은 학급 전체를 대상으로 발달에 적합한 기대를 광범위하게 나열하는 것이다. 기대는 긍정적인 단어로 적는다(예: "장난감을 잡지 않는다." 등과 같은 문장을 피한다). 아동의 능동적인 참여를 반영한 기대가 중요하다. 그러므로 '조용히 앉아 있는다.'와 '줄 서서 기다린다.'와 같은 최소한의 기대를 담은 문장을 피한다. 발달에 적합한 추천 실제는 영유아가 아무 때든지(전이시간을 포함하여) 아무것도 하지 않고 기다리게 하는 것은(앉거나 서서) 지지하지 않는다(Bredekamp & Copple, 1997). 두뇌나 신체는 적극적인 참여 없이 자라지 않는다.

정기적으로 '생태학적 진단과 계획 양식'을 사용하는 교사는 언제 계획을 하는지에 따라 포함할 수 있는 서너 개의 다른 '기대 목록'을 가지고 있다고 보고한다. 추측하는 바와 같이, 학급에 대한 기대는 일 년간 상당히 변할 수 있다.

단계 3: 현재 수행을 평가한다

이제 초점을 학급 전체에 대한 교사의 행동적 기대에서 대상 아동의 강점과 교수적 요구로 옮겨야 한다. '생태학적 진단과 계획 양식'의 예([그림 1])에 팀은 아담이 "바이, 바이."라고 엄마에게 말하고 자기 물건을 사물함에 넣는 것을 관찰했다고 적었다. 팀은 아담이 교실에 들어가면서 "안녕."이라고 인사하고, 교사에게 반응하고, 장난감을 골라 테이블이나 놀이 영역에서 놀고, 또래와 장난감을 공유하는 것을 학습할 필요가 있다는 것에 동의했다. 일과/활동과 관련한 아동의 현재 기술에 대한 정보를 수집하기 위해 아동이 교실에서의 일과/활동에 참여하는 것을 일주일 이상 관찰할 필요가 있다. 또한 다른 자원으로부터 이용 가능한 정보(예: 엄마의 관찰, 진단검사, 발달도구)가 이때 유용하다. 수집된 모든 정보를 이용하여 팀 구성원은 매일의 일과와 관련한 아동의 기술과 교수적 요구에 대한 분명한 그림을 제시할 수 있을 것이다. 팀은 아동의 현재 수행을 묘사하면서 아동의 각 행동을 '할 수 있다' 혹은 '학습해야 한다'에 '✓'로 표시하고 '생태학적 평가와 계획 양식'의 '설명'란에 관련된 관찰 내용을 적는다.

단계 4: 목표를 세운다

이제 아동이 학급의 활동/일과에 독립적으로 참여할 수 있도록 목표를 설정해야 한다. 첫 번째 활동([그림 1])에서 아담의 목표는 교사에게 인사하고, 장난감이나 활동을 선택하고, 또래와 협동하여 노는 것이다. 분명히 이러한 목표들은 아담이 유치원 환경에 참여하도록 촉진하므로 의미 있고 기능적이다. 목표 행동을 매일의 일과에 삽입하는 것은 매일 각각의 목표 행동의 교수 기회가 적어도 한 번은 있을 것이라는 의미를 지닌다. 대부분의 경우, 목표 기술을 연습할 기회가 매일 3~5회 정도 있을 것이다. 매일 각 기술에 대한 연습 기회의 횟수는 목표 칸을 살피고 목표 행동을 하루 동안 다양한 활동에서 수행한다는 것을 감안해 계산한다. 예를 들어, 아담의 팀은 또래와 협동하여 노는 것을 연습할 기회를 매일 적어도 5회가 되도록 계산하였다.

단계 5: 수정과 지원을 계획한다

팀은 '생태학적 진단과 자료수집 양식'의 간단한 목표 진술을 '수정, 지원, 자료수집 양식'으로 옮긴다. [그림 2]는 아담을 위해 완성한 '수정, 지원, 자료수집 양식'의 첫 페이지를 보여 주고 있다. 각 목표에 대해 팀은 수정, 지원의 제공이 행동의 연습을 촉진하고 궁극적으로 행동의 독립적인 수행을 촉진하는지 결정해야 한다. 수정은 필요한 경우에만 하고 가능한 한 눈에 띄지 않게 해야 한다. 장애아동에게 제공되는 수정이나 지원이 지나치게 두드러지는 것은 또래들 앞에서 아동을 창피하게 만들 수 있다. 더욱이, 불필요하게 수정을 제공하는 것은 아동이 지원이나 촉진을 기다리게 하거나 의존적이 되게 할 수 있다. '수정, 지원, 자료수집 양식'은 수정과 지원의 4가지 범주를 제시한다.

1. 비계 설정과 연습하기: 비계 설정은 아동이 독립적으로 과제를 수행할 수 있을 때까지 필요한 최소한의 지원을 제공하는 것이다(Vygotsky, 1978). 성인의 지원은 완전히 사라질 때까지 점차적으로 조절한다. 발견과 탐구를 촉진하는 질문, 새로운 행동을 연습할 수 있는 적당히 어렵지만 성취할 수 있는 기회의 구

조화, 아동이 친숙한 이야기를 문장으로 완성할 때까지 기다리기 등은 모두 비계의 형태다.

2. 과제나 자료 수정하기: 과제를 수정하는 몇 가지 방법은 과제를 짧게 하기, 지시를 단순화하기, 시각적 지시를 제공하기, 단계의 수를 줄이기 등이다. 자료는 크기나 다른 측면을 수정(예: 빨 수 있는 컵 제공하기, 집게, 벨크로(찍찍이), 물비누 통, 잡기 쉬운 손잡이 붙이기, 색깔이나 모양 단서 사용하기)할 수 있다.
3. 과제에 대한 기대 바꾸기: 과제에 대한 기대 바꾸기 전략은 덜 복잡한 반응 요구하기(예: 한 손 대신 두 손 사용하기, 과제의 첫 단계만 완수하기, 문장 대신 한 단어 사용하기)나 다른 방법으로 반응하는 것을 수용하기(예: 말소리를 내는 대신 가리키기, 구어적 반응 대신 그림 들기)를 포함한다.
4. 또래 지원 계획하기: 교사는 또래가 바람직한 행동을 보일 수 있는 기회를 계획하거나(예: 차례 지키기, 공유하기) 서로 돕게 할 수 있다. 통합 환경의 주요 장점 중 하나는 정상발달 아동을 활용할 수 있다는 것이다. 교사는 활동을 구조화하여 또래들이 기회를 갖고 어떻게 장애아동을 자신들의 활동에 의미 있는 방법으로 참여할 수 있게 할 것인지 알 수 있도록 한다. 교사들은 장애아동이 모방할 수 있게 특정 행동을 가리키거나 설명하여 아동이 또래로부터 학습하는 것을 촉진할 수 있다(예: "저것 봐, 제이슨이 테이블 위에 있는 통에서 가위를 가져오네.").

수정, 지원, 자료수집 양식

아동: 아담 날짜: 2010년 3월 23일

목표 (간단히 나열하기)	수정과 적용의 설명 어떻게 ①비계를 설정하고 연습을 제공하고, ② 과제나 자료를 수정하며, ③ 과제에 대한 기대를 바꾸고, ④ 또래 지원을 계획할지 설명하시오.	책임자	자료수집 기회와 절차
교사에게 인사하기	문 앞에 서서 눈 맞춤을 한다. "안녕."과 "잘 있었니?"에 대한 반응을 시범 보인다. 만약 반응이 없으면 옆으로 비켜 안에 들어갈 수 있게 한다.	셀리나	매일 2번의 기회(아침과 필요 시), 표에 / 표시로 기록
장난감과 활동 선택하기	2개의 장난감을(좋아하는 것과 좋아하지 않는 것) 보여 준다. 아담이 선택하도록 촉진한다. 장난감을 주고 테이블로 안내한다. 활동에 대한 사진으로 똑같이 한다.	셀리나	매일 4번의 기회. 표에 기록
또래와 협동하여 놀기	아담, 또래와 함께 앉아 두 명이 함께 해야 하는 놀이를 소개한다. 아담이 차례를 지키도록 촉진하고 또래가 하도록 기다린다. 협력적인 행동에 대해 칭찬한다.	리사	매일 4번의 기회. 카드나 접착식 메모지에 기록.
호명에 구어로 반응하기	한 단어로 반응하도록 요구를 바꾼다("네"). 시범을 보인다.	셀리나	매일 1번의 기회. 표에 기록
이야기에 대한 질문에 반응하기	과제를 수정하고 이야기 책의 복사본을 그림판에 제공한다. 그림을 가리키면서 답할 수 있는 내용의 이해를 묻는 질문을 한다.	리사	매일 1번의 기회. 카드나 접착식 메모지에 기록.
미술자료 가져오기	또래 지원. 또래에게 "자료를 가져오게 나를 따라와."라고 말하고 또래가 아담을 상기시키도록 부탁한다. 필요한 경우 "테이블에서 자료를 가져오게 ______와 같이 가렴."하고 말한다.	리사	매일 1번의 기회. 카드나 접착식 메모지에 기록.

[그림 2] 아담을 위한 수정, 지원 자료수집

단계 6: 누가 수정과 지원을 제공할 것인지 결정한다

교실에 두 명의 성인만 있다 할지라도 각 활동에서 누가 지원을 하고 기술을 가르쳐야 하는 책임이 있는지 분명히 하는 것이 중요하다. 그리고 책임이 있는 교사는 아동에게 주의를 기울이고 목표 행동을 연습할 기회가 되면 필요한 수정이나 지원을 제공할 준비를 해야 한다. [그림 2]에서 아담의 학급에 매일 있는 리사나 셀리나가 책임자로 세 번째 칸에 이름이 적혀 있는 것을 참고하기 바란다.

단계 7: 자료수집 기회와 절차를 계획한다

목표 행동을 수행할 기회가 하루에 한 번(예: 출석 호명에 반응하기)뿐이든지 많이(예: 공유하고 차례 지키기) 있든지 간에 자료수집은 쉽지 않은 일이다(McLean & Hanline, 1990; Odom & McEvoy, 1988). 간단한 전략은 접착식 메모지나 메모장, 색인카드, 작은 스프링 공책에 간단히 메모하는 것이다. 이것들은 (연필과 함께) 호주머니에 휴대하거나 관련 활동영역에 둘 수 있다.

표(matrix)에 자료를 기록할 수 있는데, 다음의 [그림 3]은 아담을 위해 개발한 표를 보여 준다. 그의 목표는 가로 축에 나열하였고 매일의 활동은 세로 축에 나열하였다. 제시되지는 않았지만 아담의 학교에서 이루어지는 다른 활동들을 나타낸 두 번째 페이지가 있다. 각 칸은 기회와 반응(독립적이든 촉진이든)을 기록할 공간이 있으며 행동에 대한 설명을 쓸 수 있다. 아담의 교사는 투명 필름에 표를 인쇄하였다. 그녀는 자료를 굵은 펜으로 기록하였고 매일의 관찰이 끝

	교사에게 인사하기	장난감과 활동 선택하기	또래와 함께 놀기	호명에 반응하기	질문에 반응하기	미술자료 가져오기
등원						
이야기 나누기 시간						
미술						
간식						

[그림 3] 아담을 위한 자료수집 표

난 후에 아담의 포트폴리오에 영구적인 기록으로 옮긴 후 지웠다. 아담의 각각의 목표에 대한 포트폴리오 폴더가 있다.

교사가 자료수집을 하기 어려운 경축일 행사, 현장학습, 대체교사 등과 같은 사건이 있는 날들이 있다. 이러한 일들이 발생하더라도 어렵게 생각할 필요가 없다. 매일 목표의 일부분에 대해 자료를 충분히 수집할 수 있기 때문이다. 아담의 교사는 매주 각각의 목표에 대해 자료수집일을 3일간 하는 것을 목표로 삼았다. 일단 포트폴리오에 자료가 정리되면 이러한 자료는 아담의 목표를 향한 학습 경험과 진보를 보여 주는 기록이 된다. 또한 이 자료들은 교사가 계획하고 발달에 적합한 활동과 일과를 제공할 수 있도록 지원한다.

결 론

Neisworth와 Bagnato(1996)는 진단평가에서의 4가지 선호되는 실제를 정리하였다〔미국유아교육협회(National Association for Education of Young Children: NAEYC)와 미국 교육부 내 유아교사연합회(National Association of Early Childhood Specialists in State Department of Education: NAECSSDE)에서 발췌〕. 진단은 ① 교육과정 장단기 목표와 관련한 아동의 학습을 보여 주어야 하고, ② 아동의 능력과 흥미를 바탕으로 개별화된 교수를 안내하고, ③ 교사가 학습 활동을 아동의 능력과 흥미에 맞출 수 있도록 돕고, ④ 계획에 유용하고 부모에게 의미 있는 자료를 수집할 수 있는 체계적인 수단을 포함하여야 한다. 유아통합교육의 목적을 성취할 과제 중 하나는 의미 있는 목적과 목표를 산출하는 평가다. 생태학적 진단과 계획 과정은 이러한 모든 기준을 충족시킨다. 이 과정에서 통합 환경의 유아를 위해 의미 있고 기능적인 기술을 반영하고, 발달에 적합한 환경에서의 참여와 독립성을 촉진하며, 학급의 일과와 활동의 맥락에서 도출되고 가르칠 수 있는 장단기 목표가 개발된다.

주

Linda McCormick의 연락처: 이메일 mccormic@hawaii.edu

참고문헌

Barker, R. G. (1968). *Ecological psychology*. Stanford, CA: Stanford University Press.

Bredekamp, S., & Copple, C. (1997). *Developmentally appropriate practice in early childhood programs* (Rev. ed.). Washington, DC: National Association for the Education of Young Children (NAEYC).

Bronfenbrenner, U. (1977). Toward an experimental ecology of human behavior. *American Psychologist, 32*, 513-531.

Bronfenbrenner, U. (1979). *The ecology of human development: Experiments by nature and design*. Cambridge: Harvard University Press.

Brown, L., Branston, M. B., Hamre-Nietupski, S., Pumpian, L., Certo, N., & Gruenewald, L. (1979). A strategy for developing chronological age-appropriate and functional curricular content for severely handicapped adolescents and young adults. *Journal of Special Education, 13*, 81-90.

Edmiaston, R., Dolezal, V., Doolittle, S., Erickson, C., & Merritt, S. (2000). Developing individualized educational programs for children in inclusive settings: A developmentally appropriate framework. *Young Children, 55*(4), 36-41.

Grisham-Brown. J., & Hemmeter, M. L. (1998). Writing IEP goals and objectives: Reflecting an activity-based approach to instruction for young children with disabilities. *Young Exceptional Children, 3*(1), 2-10.

Haney, M., & Cavallaro, C. C. (1996). Using echological assessment in daily program planning for children with disabilities in typical preschool settings. *Topics in Early Childhood Special Education, 16*, 76-81.

McCormick, L., & Noonan, M. J. (1996). A "can do" inventory for three year olds. *Teaching Exceptional Children, 28*(2), 14-17.

McCormick, L., Wong, M., & Yogi, L. (2002). *Individualization in the inclusive classroom: A Planning process*. Manuscript submitted for publication.

McLean, M., & Hanline, M. F. (1990). Providing early intervention services in integrated environments: Challenges and opportunities for the future. *Topics in Early Childhood Special Education, 10*, 62-77.

Neisworth, J. T., & Bagnato, S. (1996). Assessment for early intervention: Emerging themes and practices. In S. L. Odom & M. E. McLean (Eds.), *Early intervention/early childhood special education recommended practices* (pp. 223-257). Austin, TX: Pro-Ed.

Odom, S. L., & McEvoy, M. A. (1988). Integration of young children with handicaps and normally developing children. In S. Odom & M. Karnes (Eds.), *Early intervention for infants and children with handicaps: An empirical base* (pp. 241-268). Baltimore: Paul H. Brookes.

Vygotsky, L. (1978). *Mind in society: The development of higher psychological processes.* Cambridge: Harvard University Press.

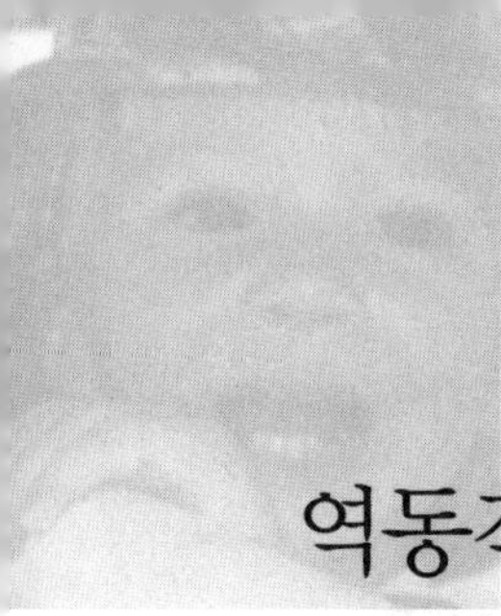

역동적 진단

아동의 발달 이해

Vera Joanna Burton, M.A., University of Illinois at Urbana-Champaign
Ruth V. Watkins, Rh.D., University of Illinois at Urbana-Champaign

최근 들어 교육진단은 교육에 대한 논의와 혁신의 주요 쟁점이 되고 있다. 교육 혁신 「낙오 방지법」(No Child Left Behind, 2002)의 주요 목적 중 하나는 모든 학생이 정해진 교육목표에 도달하게 만드는 것이다. 이 목적은 아동의 진보에 대한 평가의 필요성이 증가되는 결과를 가져왔다. 교사, 행정가, 학교 당국은 아동의 진보에 대한 의미 있는 정보를 제공하는 진단의 기준과 기대를 충족시키기 위해 노력하고 있다.

한 시내 유치원 학급에서 초임 교사가 다가오는 학년을 준비하고 있다. 존슨 교사는 그동안 받은 교육을 현장에 적용할 생각에 들떠 있다. 과연 학생들은 그녀의 높은 기대에 도달할 수 있을까? 그녀는 학생들의 기대에 부응할까? 존슨 교사는 읽기 교육과정을 준비하기 위해 학생들이 유치원에서 받은 어휘 시험 점수를 검토하고 있다. 연구결과에 의하면 조기 어휘검사는 이후의 읽기 기술을 잘 예측한다고 했기 때문이다(Snow, Burns, & Griffin, 1998). 그녀는 평균 이하의 어휘 수준을 보이는 학생들을 보고 걱정이 된다. 사실 학급의 평균은 전체 평균보다 10점 낮다. 헤드스타트에 다녔던 이 학생들의 (대략 학급의 절반 정도) 유치원 기록을 살펴보고 존슨 교사는 언어장애가 있는 것으로 확인된 한두 명의 학생을 발견했으나 어휘 점수가 낮은 많은 학생들은 전년도 학급 기대수준에는 도달한 것으로 기록되었다. 교사나 부모가 어휘에 대해 걱정한 흔적은 전혀 없었다. 존슨 교사는 정적인 표준화 어휘 검사는 종종 저소득층 아동에 대해 불완전한 정보를 제공한다는 것을 알고 있었다. 헤드스타트에 다니지 않고 처음으로 유치원에 입학하는 아동은 어떠할까? 그녀는 새로 들어오는 학생들에 대해, 특히 언어발달 영역에서의 강점과 요구를 어떻게 파악할 수 있을지 고민한다.

정적 검사 대 역동적 검사

주로 정적 검사(static testing)인 통상적인 진단은 독립적인 수행에 초점을 맞춘다. 반면 역동적 진단은 수행보다는 과정에 초점을 맞춘다. 역동적 진단은 교수와 중재에 좀 더 통합되며, 발달에 적합한 목표를 파악하는 데 도움이 될 수 있다.

카프만 진단도구(Kaufman Assessment Battery for Children: K-ABC, Kaufman & Kaufman, 1983)와 같은 전통적인 정적 검사는 현

재 기능 수준을 측정한다. 다시 말해서, 이러한 도구는 아동이 이미 학습한 지식이나 기술을 파악하는 데 도움이 된다. 교사들은 종종 중재에서 다루어야 할 영역을 논의하기 위해, 교육과정이나 IEP/IFSP에서 아동이 이미 학습한 기술들에 대한 정보를 사용한다. 그러나 정적인 진단은 아동이 다음에 배울 준비가 되어 있는 능력이 무엇인지 파악하는 데 적당하지 않다. 더욱이 정적인 진단은 학습 환경에 통합하기에 어려운 점이 있다. 이 외에도 최근의 문헌들에 의하면, 많은 정적 검사, 특히 언어기술을 측정하는 검사들은 언어 문화적으로 다양한 배경을 가진 아동들에게는 부적합하다는 것이 확인되었다(Stockman, 2000; Washington & Craig, 1992; 1999). 이러한 부적합성은 현재 사용되고 있는 많은 정적 검사들이 경험에 기반한 지식의 독자적인 학습을 평가하지 못한다는 사실에 기인한다. 예를 들어, 언어치료사는 아동이 이미 알고 있는 단어를 측정하여 어휘 지식과 어휘 학습 능력을 측정하기 위해 표준화된 정적 어휘 검사를 사용한다. 이러한 유형의 검사는 어휘 학습 능력 이외에 검사에 있는 어휘와 사전 경험을 평가한다. 정적 검사가 교사와 부모에게 현재의 능력을 살펴볼 수 있게 하지만 이러한 검사들은 아동이 새로운 어휘를 얼마나 잘 학습할 수 있는지에 대한 정보는 제공하지 않는다. 주류사회 출신이 아닌 가정의 아동들은 검사 속의 단어에 대한 경험의 정도가 다양할 것이다. 그러므로 이러한 정적 검사들은 언어장애와 같은 언어의 차이를 진단하는 데 오류가 있을 가능성이 많다.

사실상 모든 발달 영역에서의 아동의 능력을 진단할 때도 비슷한 상황이 발생한다. 특히 아동의 인지, 사회성, 적응, 운동 능력에 대한 정적 검사는 유아특수교육 현장에서 지배적이다(McLean, Bailey, & Wolery, 1996). 이와 같은 측정도구들은 많은 강점에도 불구하고 ① 아동이 학습할 준비가 된 기술을 결정하고, ② 학급 중심의 중재에 대한 방향을 제시하는 데 제한적인 도움만을 제공할 뿐이다.

반면, 역동적 진단은 아동이 습득하고 있는 과정에 있거나 성인이나 또래의 도움을 받아 수행할 수 있는 기술을 파악하는 데 도움이 된다. 수행 가능한 기술을 확인함으로써 아동이 목표 영역에서 다음 단계로 나아가도록 시간을 효과적으로 사용할 수 있게 된다. 또한 많은 경우에 역동적 진단은 매일의 자연스러운 사건의 맥락 속의 교수 중에 일어날 수 있다. 마지막으로, 역동적 진단은 진단방법이 경험에 의존하지 않기 때문에 특히 저소득층 자녀나 영어 이외의 언어를 사용하는 가정을 포함한 비주류적인 배경의 아동이 가진 기술을 설명하는 데 특히 효과적이다(Pe a, Iglesias, & Lidz, 2001; Ukrainetz, Harpell, Walsh, & Coyle, 2000). 역동적 진단은 현재의 수행보다는 학습과정을 측정한다. 그러므로 과거의 경험보다는 새로운 기술을 학습하는 아동의 능력에 대한 정보를 교사와 부모에게 제공한다.

역동적 진단

역동적 진단은 교육학, 심리학, 언어병리학 등의 영역에서 사용되고 있다. 이 진단은 1930년대 Vygotsky가 설명한 근접발달영역으로 알려진 개념을 측정한다. Vygotsky(1978)는 학습과 발달이 연관되어 있기 때문에 아동의 발달 수준을 완전하게 파악하는 것은 (정적 검사를 사용하여) 지금까지의 아동의 실제 발달과 (역동적 검사를 사용하여) 앞으로의 잠재적 발달의 특성을 밝힘으로써 가능하다고 믿었다. 이 두 가지 발달 수준의 차이가 근접발달영역이다. 다시 말하면, 아동이 독립적으로 성취할 수 있는 것과 도움을 받아서 성취할 수 있는 것의 차이다.

역동적 진단으로 근접발달영역을 측정하는 것은 다양한 목적으로 사용될 수 있다. 첫째, 역동적 진단은 교수와 중재기법을 개발하는 데 사용될 수 있다. 둘째, 역동적 진단은 아동의 역동적인 발달 상태를 평가하는 데 사용될 수 있다(Vygotsky, 1978). 교수 기법으로 사용하는 것에 대해 Vygotsky는 아동은 초기 단계에는 대부분의 활동을 성인과의 상호작용적 단계를 통해, 두 번째 단계에는 아동과 성인이 책임을 공유하고, 마지막 단계에서는 아동이 아무 도움 없이 학습한다고 믿었다. 학습의 마지막 단계는 실제적인 발달 수준이며 전통적인 정적 진단으로 평가된다. 이러한 각각의 단계에서 교사의 역할은 다르며, 교사는 중재 동안 어느 수준의 지원이 적절할 것인지 지속적으로 결정할 수 있어야 한다(Schneider & Watkins, 1996). 평가도구로서의 사용에 관하여 Vygotsky는 아동의 실제 발달 수준에 관한 정보와 균형을 이루면서 역동적 진단을 발달 기술과 준비성에 관한 정보와 함께 정적 진단을 보충하는 데 사용하고자 하였다.

역동적 진단에는 ① 검사-교수-재검사, ② 연속적인 단서의 두 가지 형태가 있다. 검사-교수-재검사는 이야기하기 능력이나 어휘 기술과 같은 중요 언어영역을 측정하는 데 사용된다. 연속적인 단서는 단어 학습 능력과 같은 언어기술을 측정하고 두 단어 사용하기를 예측하는 데 사용되어 왔다. 또한 역동적 진단의 두 가지 방법은 여러 영역에 걸친 유아의 발달을 측정하는 데 적용될 수 있다. 이 두 가지 검사-교수-재검사, 연속적인 단서의 예는 다음에 제시하였다.

검사-교수-재검사

검사-교수-재검사는 진단적 교수와 비슷한 방법이며 교사가 중재나 평가도구가 학생에게 적절한지를 확인할 수 있게 해 준다(Campione et al., 1984 참조). 아동의 현재 기능 수준을 알기 위해 도움을 제공하지 않고 사전 검사를 실시한다. 사전 검사 후 평가자가 기술 훈련이나 전략 훈련을 제공하는 중재학습 경험을 제공한다(Feuerstein, 1980). 기술 훈련은 과제(예: 단어를 보고 읽기나 이야기 문제를 해결하는 데 필요한 덧셈)를 완수하는 데 필요한 예비 기술을 아동에게 가르치는 것이다. 이에 비해 전략 훈련은 아동이 검사가 요구하는 것이 무엇인지를 깨닫게 해 준다(예: 이야기 속의 문제를 해결하도록 돕기 위해 그림을 그리도록 가르치기). 중재 후에 아동에게 재검사를 실시한다. 사전 검사와 사후 검사의 차이는 근접발달영역으로 간주된다.

어떤 기술이 아동의 근접발달영역 안에 있는지 확인하는 검사-교수-재검사 방법은 아동이 특정 중재기법에 발달적으로 반응적인지 확인하는 데 사용될 수 있다. 만약 과제가 아동의 근접발달영역 내에 있다면 중재학습 경험은 과제 수행을 향상시킬 것이다. 그러나 아동의 수행이 향상되지 않는다면 중재학습 회기 동안 사용된 중재가 아동에게 적합하지 않거나 과제가 발달적으로 적합하지 않은 것이다. 이 정보는 아동에게 적합한 중재전략을 확인하고 중재를 위한 목표 기술을 확인하는 데 사용된다.

한 예로, 전학문적 수학영역에서 유아교사는 피터에게 일대일 대응을 가르치려고 시도한다. 교사는 피터가 간식도우미를 하는 주에 이것을 가르칠 기회를 갖는다. 월요일에(검사) 교사는 "피터, 각 아동의 자리에 접시, 냅킨, 컵을 하나씩 놓으렴." 하고 말한다. 피터는 필요한 물건들을 테이블로 가져왔지만 테이블 한쪽 끝에 쌓아 두었다. 다음 날 간식 시간에(교수) 교사는 기술 훈련과 전략 훈련을 모두 사용해 피터를 도왔다. 첫째, 교사와 피터는 각 의자 앞에 접시를 놓으며 "마이크 거, 애슐리 거."라고 말하며 모든 아동을 위한 접시를 놓았다. 그리고 그들은 냅킨과 컵을 놓을 때 이 절차를 반복했다. 구어 반복과 접시를 안내 삼은 전략을 사용하는 동안 일대일 대응에 필요한 기술을 연습하여 피터는 식탁 차리기를 성공할 수 있었다. 수요일에(재검사) 교사는 피터에게 접시를 식탁 위에 놓고 각 접시 위에 냅킨을 하나씩 놓아 달라고 부탁했다. 그리고 교사는 컵을 같은 방법으로 나누어 달라고 하였다. 그러나 피터는 컵을 테이블 한쪽 끝에 놓았다. 이 비형식적 검사-교수-재검사를 사용하여 교사는 일대일 대응 기술을 피터에게 가르치는 데 신중해야 한다는 것을 알았다. 이로써 교사는 피터가 이 기술을 아직 완전히 학습하지 못했고 중재가 필요함을 인식하게 됐다.

언어영역에서 피나와 동료들은(Pe a et al., 2001; Pe a, Quinn, &

Iglesias, 1992) 두 번의 20분짜리 소그룹 회기에서 그림 명명하기에 나타난 변화를 측정하는 데 검사-교수-재검사를 사용하였다. 연구자들은 이 연구의 유아들이 가정에서 명명하기를 요구받지 않았고 그림 명명하기는 중개(mediation) 없이는 적절하지 않은 과제라고 믿었다. 두 번의 중개 학습 회기를 마친 후 아동들은 그림 명명하기 재검사를 받았다. 그 결과 정상발달 아동들은 유의미한 향상을 보였다. 언어지체를 가진 아동들은 과제를 하는 데 곤란을 보였고 재검사 시 약간의 진전만을 보였다.

연속적인 단서

연속적인 단서 모델에는 검사-재검사 형식이 없다. 대신, 아동이 과제를 완수할 수 있도록 비계 또는 점진적인 촉진을 제공한다(Campione et al., 1984 참조). 먼저 아동에게 완수할 과제를 준다. 처음에는 아동에게 도움을 주지 않는다. 만약 아동이 과제를 완수할 수 없다면 과제를 완수할 때까지 또는 직접적인 모델이 제공될 때까지 보다 직접적인 도움을 점진적으로 제공한다. 필요한 도움의 양이 근접발달영역의 측정이다. 그러나 아동이 제한된 도움으로 인해 주목할 만한 습득을 보였다면 과제를 수행하는 데 어려움이 없거나 문제의 기술을 수행할 준비가 되었다고 간주한다. 정적인 진단과 함께 역동적 진단으로 제공된 정보는 중재의 필요성이나 중재과정을 결정하는 데 도움이 된다.

유아학급에서 교사는 간혹 자료나 장난감의 사용을 타협할 때 성인의 중개를 요구하는 대신 또래 간의 성공적인 상호작용을 촉진하는 것을 목표로 한다. 연속적인 단서는 또래 상호작용을 촉진할 뿐만 아니라 유아가 또래와의 사회적인 타협을 할 준비가 되었는지 평가하는 데 사용된다. 예를 들어, 제이미, 제나, 자말은 모두 다른 아동이 가지고 놀고 있는 장난감을 차례대로 놀기를 원한다. 각 아동은 교사에게 다가가 요구하면서 이러한 마음을 표현한다. 교사는 "마이크에게 가서 차례대로 놀자고 해 봐."와 같은 높은 수준의 재지시의 단서로 시작한다. 자말만이 성공적으로 마이크에게 다가가서 자기 차례를 얻고 제이미와 제나는 다른 놀이 영역으로 간다. 나중에 제이미와 제나는 장난감을 가지고 놀게 해 달라며 다시 교사에게 온다. 이때 교사는 "'마이크, 이제 내 차례야' 하고 말해."와 같은 좀 더 직접적인 단서를 준다. 교사의 도움에 따라 제나는 곧장 마이크에게 가서 자기 차례임을 말하고 놀이에 성공했다. 제이미는 떨어져서 이것을 보았지만 다른 아동에게 가서 자기 차례임을 말하지 않는다. 나중에 제이미는 장난감을 가지고 놀 수 있게 해 달라고 교사에게 온다. 이때 교사와 제이미는 장난감을 가지고 놀고 있는 아동에게 함께 다가간다. 교사는 "제이미, 마이크에게 '이제 내 차례야' 하고 말해."라고 촉진한다. 이 직접적인 도움으로 제이미는 급우와 사회적인 상호작용에서 성공하고, 원하는 활동을 할 수 있게 되었다.

연속적인 단서 접근법에 관한 연구에 따르면, Bain과 Olswang(1995)은 아동이 한 단어에서 두 단어 말하기로 진전하고 있을 때 즉각적인 언어변화의 가능성을 예측하는 단서 모델을 개발하였다. 일반적으로, Olswang과 Bain(1996)은 역동적 진단절차는 정적인 진단보다 어느 아동이 주목할 만한 언어습득을 보일지 더 잘 예측했다. 즉, 성인의 최소한의 직접적인 단서에 가장 반응적인 유아가 자발적인 말을 할 때 두 단어 단계로 좀 더 즉각적인 진전을 보였다. 이는 아동의 언어기술에서의 즉각적인 증가 경향은 표준화 검사의 점수보다 단서에 대한 반응성에 더 밀접함을 보여 준다.

검사-교수-재검사 방법과 연속적인 단서는 다르지만 둘 다 같은 원리의 적용을 받는다. 이 두 방법은 변화의 가능성 또는 수정 가능성을 측정하고자 한다. 어느 방법도 경험의존적인 정적인 지식을 측정하지는 않는다. 역동적 진단의 또 다른 면은 수행 자체만을 주목하기보다 수행이 변화할 수 있는 조건에 주목한다. 이 진단은 평가자와 피평가자의 상호작용, 수행에 대한 상호작용의 영향, 상호작용에 대한 피평가자의 반응성에 주목한다(Lidz, 1991).

진단도구로서의 역동적 진단

역동적 진단방법은 진단목적으로도 개발된다. 검사-교수-재검사 방법과 연속적인 단서가 미국에 있는 다양한 언어적 배경을 가진 아동을 위한 수정 가능성을 정확하게 예측할 수 있다는 증거들이 점차 많아지고 있다. 몇몇 실험적 연구에서 이 두 가지 방법은 정상발달 아동과 장애아동의 능력을 구별할 수 있음을 보여 주었다(Bain & Olswang, 1995; Gutierrez-Clellen, Conroy, Brown, & Robinson-Zanartu, 1998; Pe a et al., 1992; 2001). 이러한 방법들은 아직 개발 초기 단계이지만 교사들은 역동적 진단이 유용함을 발견할 수 있을 것이다. 많은 경우, 간단한 수정이나 새로운 기록 기법으로 현재 사용하고 있는 정적 진단과 사실적 진단평가 도구 또는 교육과정과 중재에 역동적 진단을 삽입할 수 있다.

자신만의 역동적 진단 개발하기

검사-교수-재검사

교사나 부모는 현존하는 정적 검사나 다른 과제들을 역동적 진단의 검사-교수-재검사 모델에 맞게 수정할 수 있다. 첫째, 아동에게 사전검사로서 과제를 아무 도움 없이 준다. 아동이 그 과제를 독립적으로 수행할 수 없으면 교사나 부모가 기술을 가르칠 수 있는 작은 단계로 분석하는 과제 분석을 한다(과제 분석에 대한 설명은 Moyer & Darding, 1978 참조). 그리고 교사나 부모는 그 기술이나 전략 훈련을 위해 아동과 한두 번의 짧은 중재를 한다. 과제를 완수하기 위해 필요한 예비기술을 개발하도록 아동에게 기술을 훈련할 기회를 제공한다. 또한 교사나 부모는 과제 수행을 도울 수 있는 전략을 인식할 수 있도록 전략 훈련을 할 수 있다. 마지막 단계는 사후 검사로서 처음의 과제 진단을 반복하는 것이다.

검사-교수-재검사 접근의 비형식적 예는 부모와 유아가 퍼즐을 가지고 활동할 때다. 부모는 아동이 혼자서 퍼즐 조각을 제대로 맞추지 못하는 것을 본다. 아동은 그 활동에 흥미가 있는 것으로 보이나 가끔 해보고 쉽게 그만둔다. 중재 시, 부모와 아동이 함께 활동할 때, 부모는 아동이 가장자리(즉, 한 면이 일직선인 조각) 퍼즐을 먼저 맞추기, 일치하는 색깔 찾아 같이 놓기, 맞출 수 있는 퍼즐 조각의 돌출 부위와 들어간 부분 찾기 등과 같은 몇 가지 도움이 될 만한 전략들을 알려 줌으로써 전략 훈련을 제공한다. 부모와 아동은 여러 개의 다른 퍼즐을 가지고 연습하여 기술을 습득할 기회를 제공한다. 그다음 회기에 부모는 아동이 퍼즐에 접근하는 것을 관찰한다. 부모는 아동이 이제 혼자서 퍼즐을 맞추는 데 훨씬 더 성공적임을 깨닫고, 부모가 시범 보이는 전략을 사용하기 시작하는 것을 확인한다.

연속적인 단서

원하는 과제를 선택한 후 교사나 부모는 도움이 적은 단계에서 점차 많아지는 단계에 따라 일련의 도움이 되는 단서를 확인한다. 그리고 과제를 아동에게 제시한다. 이때 아동이 독립적으로 과제를 완수하기 어려우면, 교사나 부모는 최소한의 도움을 제공하고, 아동이 과제를 완수하거나 교사나 부모가 직접적인 모델을 제공할 때까지 다음 단계에서 계속 도움을 제공한다. 만약 아동이 독립적으로 과제를 완수하면 아동의 실제적인 발달 수준이 측정된 것이다. 그러나 아동이 최고 수준의 도움을 받고도 과제를 수행할 수 없다면 이 과제는 아동이 학습하기에 아직은 적절하지 않은 것이다. 아동이 어느 정도의 도움을 받아 과제를 수행할 수 있으면 이는 과제가 아동의 근접발달영역 내에 있고 교수하기에 적절하다는 것을 보여 주는 것이다. 성공을 위해 아동이 필요로 하는 도움의 양은 해당 기술의 학습 준비성에 대한 정보를 제공한다.

앞에서 제시된, 아동의 사회적 상호작용을 촉진하려는 목적을 가진 교사의 예를 상기해 보자. 교사는 비공식적으로 세 단계의 도움을 제공했다. 하나는 제한된 지원(즉, "마이크에게 가서 차례대로 놀자고 해 봐."), 하나는 중간 정도의 안내를 제공하는 것(즉, " '마이크, 이제 내 차례야'라고 말해."), 또 다른 하나는 즉각적이고 직접적인 시범을 제공하는 것(즉, 아동과 함께 가서 시범을 보이며 "마이크에게 말해, '이제 내 차례야.' ")이다. 또래와의 사회적 타협에 성공하기 위해 아동이 필요한 도움의 양을 아는 것은 유용하다.

유치원 교실에서의 추후 지도

다양한 진단방법을 조사한 후 유아교사인 존슨은 자신의 학생의 단어 학습 기술에 관해 부가적인 정보를 제공할 역동적 진단을 고안하기로 결심하였다. 존슨 교사는 두 가지 목적 ① 정적 진단평가 도구가 진단해야 할 것을 정확하게 진단하고 있는지, ② 중재가 효과적인지를 결정하기 위해 검사–교수–재검사 방법이 가장 적절하다고 생각하였다. 반면에, 연속적인 단서 방법은 새로운 과제를 학습하기 위한 아동의 잠재력을 확인하는 데 가장 적절하다고 존슨 교사는 판단했다. 교사는 유치원에 다니는 아동들의 단어 학습 능력을 알아보기 위해 다음과 같은 연속적인 단서 전략을 사용하기로 결정했다. 연속적인 단서는 정적인 어휘 검사도구의 점수가 평균 기대수준 이하인 저소득층 가정 아동의 본래의 단어 학습 능력을 보여주는 것으로 보고되었다(Burton, 2002).

보조원인 스미스 씨가 학급의 다른 아동들을 감독하는 동안에 존슨 교사는 각 아동을 개별적으로 만났다. 과제는 교사가 아동에게 그림책을 읽어 주는 것으로 시작되었다. 그 이야기에는 4개의 만들어 낸 단어가 여덟 번 나타난다. 이야기가 끝난 후 아동에게 이야기에서 만들어 낸 단어가 묘사한 사물과 일치하는 장난감을 주었다. 아동에게 장난감을 가지고 놀라고 하고 교사는 아동에게 만들어 낸 단어를 가지고 사물의 이름을 말하라고 하였다. 교사는 〈표 1〉에 나타난 것과 같이 단서가 덜 직접적인 것부터 가장 직접적인 것까지 주었다.

첫째, 존슨 교사는 사물을 가리키고 "이것이 무엇인지 말해 줄래?"라고 말하며 도움 없이 아동에게 사물의 이름을 말하도록 요구하여 아동이 만들어 낸 단어를 말하도록 시도하였다. 아동이 맞게

〈표 1〉 연속적인 단서 전략

단서 번호	점수	단서	예
단서 1	4.0	유도 질문	명사: "이것은 무엇이니?"
단서 2	3.0	참조를 제공한 유도질문	명사: "이야기를 기억해 봐, 이건 ______하는 거야. 이것을 뭐라고 부르지?"
단서 3	2.0	비슷한 형식을 이용한 유도질문	명사: "ㄷ으로 시작해."
단서 4	1.0	시범을 통한 유도질문	명사: "이것은 ______야. 이것이 뭐라고?"
무반응/부정확한 반응	0.0		

반응하면 존슨 교사는 "그래, 그건 ______야."라고 말했다. 만약 아동이 반응을 하지 않거나 틀리게 반응하면, 교사는 책에서 사물의 그림을 찾아 "기억해 봐, 이것은 ______하는 거야."라고 말하며 사물에 대한 무언가를 아동이 상기하도록 도와 맥락에 대한 촉진을 제공하고, 다시 아동에게 사물의 이름을 말하도록 요구한다. 그래도 아동이 만들어 낸 단어를 상기하지 못하면 존슨 교사는 "______로 시작하는 말이야."라고 말하여 음소적 단서를 제공하고 다시 사물의 이름을 말하도록 아동에게 요구한다. 존슨 교사가 제공하는 마지막 단서는 직접적인 시범으로 "그건 ______야."라고 말하고 아동에게 사물의 이름을 말하도록 요구한다.

유치원 학급의 대부분의 아동은 도움을 받았을 때 사물의 만들어진 이름을 말할 수 있다. 연속적인 단서 전략으로 존슨 교사는 직접적인 교수 없이 이야기책 읽기를 통한 단어학습이 대부분의 아동에게 근접발달영역임을 알았다. 또한 역동적 진단은 교사가 실제 단어에 대한 사전 지식을 알아보지 않고도 잠재적인 단어학습 능력을 평가할 수 있게 하였다. 마지막으로, 전통적인 정적 검사와 함께 역동적 진단을 사용하는 것은 아동의 발달에 대한 더욱 많은 정보(과거의 학습과 현재의 잠재력 둘 다)를 제공하고 존슨 교사의 읽기교과 교육과정에 많은 도움이 되었다.

결 론

요약하면, 본 논문에서 역동적 진단은 교사와 부모에게 유아의 모든 영역에 걸친 발달적 강점과 요구를 더 잘 이해할 수 있게 한다는 전제로 제시되었다. 이러한 강점에도 불구하고 역동적 진단형식은 유아교육 현장에서 광범위하게 사용되지 않고 있으며 이 도구의 잠재성을 충분히 실현시키려면 더 많은 연구가 필요하다. 현존하는 진단평가 도구들은 역동적 원리를 적용하는 방법에 있어서 다양하며, 역동적 방법을 이용하는 접근을 안내할 수 있는 정보가 더 필요하다(현재의 역동적 진단 모델의 예를 보려면 Lidz & Elliot, 2000; Miller, Gilliam, & Pe a, 2001 참조). 즉, 다양한 유아 그룹에게 기대되는 변화나 수정 가능성 등에 대한 정보를 제공하는 출판된 도구들의 개발은 유아교육 영역에서 매우 유용하다(절차의 예를 보려면 Miller, Gillam, & Pe a, 2001 참조). 앞으로의 연구에 의해 정보가 제공될 것이고 유아의 기술을 진단하는 데 역동적 진단의 혁신적인 적용이 가능하게 될 것이다. 그러나 역동적 진단의 검사-교수-재검사 방법과 연속적인 단서 방법은 유아 진단에 있어서 현재의 문제들에 효과적이고 다양한 정보를 제공할 것이라는 많은 증거들이 있다. 교실과 가정에서 역동적 진단은 아동의 능력과 향후 발달에 필요한 통찰력을 제공할 것이다.

주

Vera Joanna Burton의 연락처: 이메일 vjburton@uiuc.edu
본 연구는 미국 교육부 특수교육국의 기금(H325001009)과 Robert L. Sprague 우수 논문상의 일부 지원을 받은 것이다.

참고문헌

Bain, B., & Olswang, L. (1995). Examining readiness for learning two-word utterances by children with specific expressive language impairment: Dynamic assessment validation. *American Journal of Speech-Language Pathology, 4*, 81-91.

Burton, V. J. (2002). *Dynamic QUIL assessment as a measure of word-learning ability*. Unpublished master's thesis, University of Illinois, Urbana-Champaign.

Campione, J. C., Brown, A. L., Ferrara, R. A., & Bryant, N. R. (1984). The zone of proximal development: Implications for individual differences and learning. In B. Rogoff & J. V. Wertsch (Eds.), *Children's learning in the "zone of proximal development"* (pp. 77-91). Washington, DC: Jossey-Bass.

Feuerstein, R. (1980). *Instructional enrichment: An intervention program for cognitive modifiability*. Baltimore: University Park Press.

Gutierrez-Clellen, V. F., Conroy, B., Brown, S., & Robinson-Zanartu, C. (1998). Modifiability: A dynamic approach to assessing immediate language change. *Journal of Children's Communication Development, 19*(2), 31-42.

Kaufman, A. S., & Kaufman, N. L. (1983). *Kaufman Assessment Battery for Children*. Circle Pines, MN: American Guidance Service.

Lidz, C. S. (1991). *Practitioner's guide to dynamic assessment*. New York: Guilford.

Lidz, C. S., & Elliot, J. G. (Eds.) (2000). *Dynamic assessment: provailing models and applications*. New York: JAI.

McLean, M., Bailey, D. B., & Wolery, M. (Eds.) (1996). *Assessing infants and preschoolers with special needs* (2nd ed.). Columbus,

OH: Merrill/Prentice Hall.

Miller, L., Gillam, R., & Pe a, E. (2001). *Using dynamic assessment and intervention to improve children's narrative skills.* Austin, TX: Pro-Ed.

Moyer, J. R., & Dardig, J. C. (1978). Practical task analysis for special educators. *Teaching Exceptional Children, 11*(1), 16-18.

No Child Left Behind Act of 2001, P. L. 107-110, 115 Stat. 1425 (2002).

Olswang, L. B., Bain, B. A. (1996). Assessment information for predicting upcoming change in language production. *Journal of Speech and Hearing Research, 39*, 414-423.

Pe a, E., Iglesias, A., & Lidz, C. (2001). Reducing test bias through dynamic assessment of children's word-learning ability. *American Journal of Speech-Language Pathology, 10*, 138-154.

Pe a, E., Quinn, R., & Iglesias, A. (1992). The application of dynamic methods to language assessment: A nonbiased procedure. *Journal of Special Education, 26*, 269-280.

Schneider, P., & Watkins, R. V. (1996). Applying Vygotskian developmental theory to language intervention. *Language, Speech, and Hearing Services in Schools, 27*, 157-170.

Snow, C. E., Burns, M. S., & Griffin, P. (Eds.) (1998). *Preventing reading difficulties in young children.* Washington, DC: National Academy Press.

Stockman, I. (2000). The new Peabody Picture Vocabulary Test-III: An illusion of unbiased assessment? *Language, Speech, and Hearing Services in Schools, 31*, 340-353.

Ukrainetz. T. A., Harpell, S., Walsh, C., & Coyle, C. (2000). A preliminary investigation of dynamic assessment with Native American kindergarteners. *Language, Speech, and Hearing Services in Schools, 31*, 142-154.

Vygotsky, L. S. (1978). *Mind in society: The development of higher psychological processes*. Cambridge: Harvard University Press.

Washington, J., & Craig, H. (1992). Performances of low income African American preschool and kindergarten children on the Peabody Picture Vocabulary Test-Revised. *Language, Speech, and Hearing Services in Schools, 23*, 329-333.

Washington, J., & Craig, H. (1999). Performances of at-risk African American preschoolers on the Peabody Picture Vocabulary Test-III. *Language, Speech, and Hearing Services in Schools, 30*, 75-82.

영어가 제2언어인 유아의 진단평가

Mary McLean, Ph.D., University of Wisconsin, Milwaukee

미국에서 유아교육이나 유아특수교육을 받고 있는 아동과 가족은 점차 다양해지고 있다(Children's Defense Fund, 1989). 1994년 아동, 청소년, 가족부(Administration for Children, Youth, Families)가 실시한 헤드스타트 프로그램의 설문 조사에서, 응답한 프로그램의 91%는 최근 5년간 적어도 하나의 문화적 또는 언어적 그룹의 증가를 보고하였다(Tabors, 1998). 문화적, 언어적으로 다른 유아의 진단과 평가는 유아교육 전문가에게 매우 도전적인 과제가 되고 있다. 진단의 결과가 특수교육의 적격성 여부를 결정하는 것일 때 오류비용은 매우 증가할 것이다. 문화 언어적으로 다른 특수교육대상 아동의 수가 기대한 것보다 많다는 사실은 진단과정에서의 오류 가능성을 반영하는 것일 수 있다(Yansen & Shulman, 1996). 그러나 또한 조기중재 서비스가 필요한 아동이 문화 언어적 차이와 장애의 존재를 구별하기 어려워 서비스를 받지 못할 가능도 있다. 선별과 진단 실제는 다양한 문화 언어적 배경을 가진 아동들이 문화나 언어적 편견에 의해 과잉 또는 과소 평가할 수도 있다는 점에서 선별과 진단 실제가 주의 깊게 평가되어야 한다.

언어적 다양성

출생부터 8세까지의 모든 유아는 아직 제1언어를 배우는 과정에 있다. 제2언어의 학습이 아동의 언어, 인지, 사회성 발달에 주는 영향은 매우 복잡하다. 영어를 제2언어로 학습하고 있는 유아의 진단평가에 참여하는 전문가는 적절한 진단도구와 전략의 선택에 있어서 자주 어려움을 겪는다. 그러나 중재 팀을 돕는 지침이 제시되어 있어서 진단평가에 도움이 되는 정보를 제공하는 진단평가 절차를 계획하고 시행할 수 있게 해 준다.

이중언어를 사용하는 아동은 이질적인 그룹으로 두 언어의 능력은 아동이 언제 얼마나 그 언어에 노출되었는가에 따라 다르다. 이중언어주의는 주로 제2언어를 습득하는 연령, 언어에 대한 환경적 영향, 언어능력 정도에 따라 설명된다. '동시적 이중언어주의(simultaneous bilingualism)'는 두 언어를 출생부터 들은 아동을 의미하며, '유아기 연속적 이중언어주의(preschool successive bilingualism)'는 3세 이후에 제2언어를 습득한 아동을 의미하고, '학령기 연속적 이중언어주의(school-age successive bilingualism)'는 5세 이후에 다른 언어를 습득한 아동을 의미한다(Moore & Beatty, 1995).

Kayser(1989)는 아동이 실제로 성취한 이중언어 능력의 정도는 언어적, 사회적, 정서적, 정치적, 인구학적, 문화적 요소를 포함한 많은 요인에 달려 있음을 상기시킨다. 또한 아동이 교육 프로그램에 들어가면 교수 스타일과 학습 스타일의 일치가 한 요인이 될 수 있다(Barrera, 1993; Kayser, 1993). 과거에는 제2언어의 학습이 아동의 제1언어 발달에 방해가 되는 것으로 믿었던 반면, 현재 이중언어주의는 아동의 인지, 사회성 발달을 촉진하는 것으로 알려졌다(Hakuta, 1986; McCardle, Kim, Grube, & Randall, 1995). 그러나 제2언어의 학습으로 일시적으로 두 언어의 능력이 부진해질 수 있는 가능성이 있음을 진단평가 팀은 언어 지체나 언어장애의 가능성을 평가하는 동안 진지하게 고려해야 한다.

제한된 영어능력 하나만으로 아동을 특수교육 서비스를 위한 진단평가에 의뢰하는 것은 충분하지 않다. 이와 유사하게, 전에 설명한 바와 같이 모국어의 능력 결여나 지체만으로 의뢰하는 것은 충분하지 않다. 영어를 제2언어로 사용하는 아동을 특수교육을 위한 진단평가에 의뢰할 것인지 고려할 때, 유아교사는 아동이 가정이나 문화적 공동체에서 효과적으로 의사소통하는 데 곤란이 있는지 살펴보아야 한다. 아동의 영어 학습의 진보를 영어를 학습하는 또래 아동과 비교해서 관찰해야 한다(Billings, Pearson, Gill, & Shureen, 1997). 그러나 일단 아동을 진단평가에 의뢰하기로 결정하였다면, 많은 정보를 수집해서 진단평가 팀이 정보를 바탕으로 한 의사결정을 할 수 있어야 한다.

언어적 다양성을 가진 아동을 위한 진단평가 절차는 필요에 따라 전형적인 진단평가 절차와는 달리 해야 한다(Lund & Duchan, 1993; Mattes & Omark, 1991; Roseberry-McKibben, 1994). 영어만을 사용하는 아동들을 위한 추천 실제의 대부분은 영어를 제2언어로 사용하는 아동에게도 추천된다. 예를 들어, 다양한 측정, 자연적 환경에서의 정보수집, 다학문적 팀 접근, 가족중심의 접근 등은 추천되는 실제다(Bondurant-Utz, 1994). 그러나 아동의 언어나 문화적 다양성으로 인한 편견 없는 결과를 얻기 위해서는 도구나 전략의 선택에 있어서 주의가 필요하다. 따라서 진단평가 팀은 아동의 언어적 배경을 이해하고 제2언어의 발달로 인한 언어발달의 손실이나 지체의 가능성을 반드시 고려해야 한다(Schiff-Meyers, 1992).

Yansen과 Shulman(1996)에 의하면 팀은 반드시 언어적 다양성을 가진 아동을 진단할 때는 순차적인 처리를 해야 하며 아동의 주언어와 모든 언어에서 능력을 진단하는 것부터 시작해야 한다고 하였다. 언어능력은 특정언어 사용에서의 아동의 유창성과 역량을 의미한다. 언어 우위성이란 아동이 말할 때 더 선호하는 언어이며 진단평가 시 더 유창하게 사용하는 언어를 의미한다(Roseberry-McKibben, 1994). 장애인교육법(IDEA)은 아동이 가장 잘하는 언어나 의사소통 방법으로 진단해야 한다고 요구하고 있기 때문에 대부분의 학교는 진단 시 어떤 언어를 사용해야 하는지 결정하기 위해 언어 우위성을 측정하고 있다. 안타깝게도 언어 우위성을 결정하는 것은 매우 복잡하고, 두 언어로 언어기술을 평가하는 것이 아니다(Kayser, 1989). 언어 우위성은 평가되는 언어의 측면에 따라 달라질 수 있다.

또한 진단이 이루어지는 맥락은 유아의 언어사용에 영향을 미칠 수 있다. Roseberry-McKibben(1994)은 능력을 측정할 때는 ① 부모나 양육자에 의한 언어배경 질문지 완성, ② 교사와 부모 또는 양육자의 면담, ③ 직접적인 언어진단과 관찰 점수 등을 포함해야 한다고 제안하였다. Kayser(1989)는 부모나 양육자에게 시행된 질문지의 도움을 받아 체계적이고 양적인 관찰 절차를 사용할 것을 추천하였다.

그러나 아동의 언어 우위성으로 드러난 언어만으로 아동을 진단하는 것은 최상의 실제가 아닐 수 있다. Barrera Metz(1991)는 아동의 제1언어(L1, 모국어, 주 언어)와 제2언어(L2, 습득된 언어) 모두를 평가해야 한다고 강조했다. 그녀는 우위 언어만을 평가하는 실제는 진단 팀이 제2언어의 습득이 제1언어에 미칠 수 있는 영향을 고려하지 않으므로 필요한 모든 정보를 제공하지 않는다고 경고했다.

Ortiz(1984)는 능력 검사가 두 언어의 어휘나 문법만을 평가하기보다는 학교와 가정에서 또래와 성인과의 대화에서 기능적인 언어를 사용하는 능력까지 포함하는 의사소통 능력에 중점을 둬야 한다고 제안하였다.

읽기와 쓰기를 학습하는 아동에게는 부가적인 정보가 필요할 수도 있다. Roseberry-McKibben(1994)은 읽기와 쓰기에 반하는 말하기와 듣기 중심의 능력 평가의 실제는 아동의 요구에 대한 잘못된 해석을 할 수 있다고 경고했다. 제2언어의 기본적인 대화 기술은 원어민과 같은 수준의 성취에 5~7년이 걸리는 쓰기 능력보다 더 빨리 발달한다. 영어 대화기술 검사를 기초로 영어에 보다 능력이 있는 것으로 나타난 아동은 쓰기 영어에서 큰 어려움이 있을 수 있고, 특수교육요구가 있는 것으로 잘못 발견될 수 있다. 따라서 진단 팀이 제2언어의 학습이 아동의 쓰기 영어 기술에 미치는 영향을 인식하지 않으면 아동은 장애가 있는 것으로 잘못 진단되어 특수교육 대상 아동으로 판별될 수도 있다.

의뢰 전 정보수집

Ortiz와 Maldonado-Colon(1986)에 의하면, 부적절한 특수교육

〈표 1〉 특수교육 적격성 판정을 위해 의뢰 전에 필요한 정보 체크리스트

	예	아니요
1. 가족의 언어 우위성과 능력에 대한 적절한 정보가 확보되었고 필요한 경우 가족과의 의사소통을 촉진하기 위한 해석자/통역자를 확보하였다.	❑	❑
2. 아동과 주기적으로 상호작용하는 다른 양육자나 아동의 언어 우위성과 능력에 대한 정보가 확인되었다.	❑	❑
3. 가족에게 아동 발달에 대한 그들의 생각을 말해 달라고 요청하였다.	❑	❑
4. 가족의 동의하에 다른 서비스 제공자와 양육자에게 아동 발달에 대한 그들의 생각을 말해 달라고 요청하였다.	❑	❑
5. 필요한 경우, 아동의 행동을 해석하는 데 도움이 되는 문화적 지침을 요구하였다.	❑	❑
6. 청력과 시력을 포함한 모든 발달 영역의 선별을 실시하였다.	❑	❑
7. 언어능력과 언어 우위성에 대한 선별을 실시하였다.	❑	❑
8. 아동을 가정과 유아교육 환경에서 관찰하였다.	❑	❑
9. 아동에게 유아교육기관의 언어적, 사회적 환경에 익숙해질 수 있는 충분한 시간을 주었다.	❑	❑
10. 아동의 사회성, 인지, 운동기술을 언어 이해력이 필요하지 않은 상황에서 관찰하였다.	❑	❑

으로의 배치를 줄이는 방법은 부적절한 진단 의뢰를 줄이는 것이다. 유아교사는 특수교육대상자의 적격성 판정을 위한 초기 의뢰를 하기 전에 언어 · 문화적으로 다양성을 가진 유아에 대한 정보를 주의 깊게 수집하고 분석하여야 한다. 아동 발달, 가족의 사회문화적 배경, 아동 발달과 유사한 배경을 가진 다른 아동의 발달과 비교한 정보는 유용하다. Billings 등(1997)과 Langdon (1989)의 연구에 기초한 〈표 1〉의 체크리스트는 유아교사가 아동에 대한 완전한 정보를 기초로 의뢰가 필요한지 여부를 확인하는 데 도움이 될 것이다.

도구/전략의 선택

유아교육분과(The Division for Early Childhood: DEC)의 진단평가를 위한 추천실제(Neisworth & Bagnato, 1996)는 유아를 진단평가할 때 문화적으로 적합하고 반편견적인 방법과 도구를 사용해야 한다고 명시하고 있다. 진단에 의뢰된 많은 유아들에게 사용할 수 있는 적절하고 반편견적인 도구와 전략을 찾는 것은 쉬운 일이 아니다. 규준참조형(즉, 표준화된) 진단도구 대부분은 규준집단에 문화적, 언어적으로 다양성을 가진 아동을 포함하지 않는다. 이러한 도구들은 문화적으로나 언어적으로 규준집단과 다른 아동의 발달을 측정하는 데 공정하게 사용될 수 없다. 그러나 규준참조형이 아닌 도구를 사용한다 해도 이 문제를 해결할 수 없다. 대개 유아를 평가하는 절차는 다른 검사나 연구에서 가져온 아동 발달 이정표에 의존하고 있으며(Bailey & Nabors, 1996), 이러한 발달 이정표는 대개 백인, 중산층 가정의 아동들을 포함하는 연구들로부터 나온 것이기 때문에 편향적일 수 있다.

진단 팀은 검사도구의 검사자 지침서(매뉴얼)를 주의 깊게 읽고서 특정 아동을 위하여 도구를 어떻게 적절하게 사용해야 하는지 결정해야 한다. 예를 들어, 어떤 도구들은 다른 언어로 번역되어 있으나 규준집단이 영어를 사용하는 아동들만일 경우가 있다. 번역된 검사는 검사를 받는 아동에게 적합하지 않은 언어와 문화의 특수한 표현을 반영할 수 있다. 이를테면, 라틴계에서도 푸에르토리코계, 쿠바계, 멕시코계, 남미계 사이에 문화적, 언어적 차이가 있다. 더욱이, 다른 언어로 쓴, 단일 언어를 사용하는 사람들로 규준집단이 된 검사는 이중언어주의나 영어 교육환경으로 흡수된 아동에게는 적절하지 않다(Figueroa, 1989; Schiff-Meyers, 1992). 영어가 제2언어인 아동을 진단할 때 전형적인 도구나 절차를 사용할 수 없음을 발견하는데, 실제로 사용할 만한 진단도구가 시판되지 않고 있다. 대신 진단 팀은 검사받는 아동을 위해 맞춤 진단계획을 고안할 필요가 있다.

팀에 전문가와 가족 외에도 아동과 같은 언어를 사용하고 가족과 친숙한 사람을 적어도 한 명, 이중언어교육 경험이 있는 사람을 한 명 포함시키는 것은 도움이 된다(Bondurant-Utz, 1994). 예를 들어, 위스콘신의 한 교육청은 동유럽에서 이민 온 가족의 아동 중 특수교육 진단에 의뢰되는 수가 점차 증가하고 있음을 발견했다. 이 아동들을 위해 교육청은 동유럽 지역에서 온 사람(지역사회 상담자로 고용)과 영어를 제2언어(ESL)로 자격증을 받은 교사를 포함하여 진단 팀의 구성을 바꾸었다. 이렇게 필요한 전문가를 추가하여 적절한 진단을 계획하고 실행하고자 하였다.

진단계획에 학교와 가정에서의 관찰, 가족과 양육 담당자와의 면담, 유용한 진단도구의 선정 등을 포함한 다양한 절차를 포함하도록 권장하고 있다. 다음은 진단계획을 고안할 때 필요한 유용한 전략들이다.

- 앞에서 논의한 바와 같이, 언어 우위성과 능력에 대한 진단이 앞으로의 진단을 계획하기 위해 먼저 수행되어야 한다.
- 형식적 방법을 대신하거나 부가적으로 관찰, 부모와 양육자와의 면담, 편안하고 친숙한 환경에서의 놀이중심 진단을 포함한 비형식적 방법을 사용할 수 있다(Santos de Barona & Barona, 1991).
- 사용할 도구는 아동의 문화적 배경과 같은 배경을 가진 사람에 의해 실시되어야 한다. 항목들은 문화적으로 적절하도록 수정이 가능해야 한다. 그러나 이러한 수정이 도구의 채점 시 타당도에 영향을 미칠 것이다. 이러한 경우, 검사는 보고점수보다는 서술적 측정으로 사용될 수 있으며, 팀의 결정은 검사점수보다는 전문가의 임상적 판단에 기초하게 된다. 이렇듯 검사는 아동과 같은 문화적 그룹이거나, 아동의 주요 언어를 잘 알고 사용하는 전문가에 의해 실시되어야 한다.

• 만약 그러한 전문가를 구할 수 없을 때는 통역자 또는 진단을 시행하고 해석하는 데 진단 팀과 함께 일하는 문화적 안내자의 도움을 받아 검사를 시행할 수 있다.
• 영어를 제2언어로 사용하는 아동의 진단계획과 시행을 위한 또 다른 제안은 워싱턴 주(Billings et al., 1997)와 콜로라도 주(Moore & Beatty, 1995)에서 개발한 지침서를 이용할 수 있다. 이 두 가지 지침서는 진단 팀을 위한 많은 유용한 제안들을 담고 있다.

문화적, 언어적으로 다양한 배경을 가진 유아의 진단은 평상시처럼 진행될 수 없다. 왜냐하면, 진단을 위한 초기 의뢰 전에 아동과 가족으로부터 중요한 정보를 획득해야 하며 고려되어야 하기 때문이다. 그다음에 진단 팀은 맞춤 진단이 되도록 모든 노력을 기울여서 각 아동과 가족에게 적절해야 한다. 문화적, 언어적으로 적합한 진단을 제공하기 위한 노력은 특수교육 서비스 대상 아동이 과다 또는 과소 선별되는 일을 막는 데 도움이 될 것이다.

주

Mary McLean의 연락처: 이메일 mmclean@uwm.edu
본 연구는 미국 교육부의 문화언어적으로 적합한 서비스에 관한 유아연구소의 기금(H024560006)을 일부 지원받은 것이다.

참고문헌

Bailey, D., & Nabors, L. (1996). Tests and test development. In M. McLean, D. Bailey, & M. Wolery (Eds.), *Assessing infants and preschoolers with special needs* (pp. 24-45). Columbus, OH: Merrill.

Barrera, I. (1993). Effective and appropriate instruction for all children: The challenge of cultural/linguistic diversity and young children with special needs. *Topics in Early Childhood Special Education, 13*(4), 461-487.

Barrera Metz, I. (1991). Learning from personal experiences. In M. Anderson & P. Goldberg (Eds.), *Cultural competence in screening and assessment: Implications for services to young children with special needs ages birth through five.* Chapel Hill, NC: National Early Childhood Technical Assistance System.

Billings, J. A., Pearson, J., Gill, D. H., & Shureen, A. (1997). *Evaluation and assessment in early childhood special education.* Olympia, WA: Office of the Superintendent of Public Instruction.

Bondurant-Utz, J. (1994). Cultural diversity. In J. A. Bondurant-Utz & L. B. Luciano (Eds.), *A practical guide to infant and preschool assessment in special education* (pp. 73-98). Boston: Allyn & Bacon.

Children's Defense Fund. (1989). *A vision for America's future.* Washington, DC: Author.

Figueroa, R. A. (1989). Psychological testing of linguistic-minority students: Knowledge gaps and regulations. *Exceptional Children, 56*(2), 145-152.

Hakuta, K. (1986). *Mirror of language: The debate on bilingualism.* New York: Basic Books.

Kayser, H. (1989). Speech and language assessment of Spanish-English speaking children. *Language, Speech and Hearing Services in Schools, 20,* 226-244.

Kayser, H. (1993). Hispanic cultures. In D. E. Battle (Ed.), *Communication disorders in multicultural populations* (pp. 114-157). Boston: Andover Medical Publishers.

Langdon, H. W. (1989). Language disorder or difference? Assessing the language skills of Hispanic students. *Exceptional Children, 56*(2), 160-167.

Lund, N. J., & Duchan, J. F. (1993). *Assessing children's language in naturalistic contexts* (3rd ed.). Englewood Cliffs, NJ: Prentice Hall.

Mattes, L. J., & Omark, D. R. (1991). *Speech and language assessment for the bilingual handicapped* (2nd ed.). Oceanside, CA: Academic Communication Associates.

MaCardle, P., Kim, J. Grube, C., & Randall, V. (1995). An approach to bilingualism in early intervention. *Infants and Young Children,* 7(3), 63-73.

Moore, S. M., & Beatty, J. (1995). *Developing cultural competence in early childhood assessment.* Boulder, CO: University of Colorado.

Neisworth, J., & Bagnato, S. (1996). Assessment. In S. Odom & M. McLean (Eds.), *Early intervention/Early childhood special education Recommended practices* (pp. 23-58). Austin, TX: Pro-

Ed.

Ortiz, A. (1984). Choosing the language of instruction for exceptional bilingual children. *Teaching Exceptional Children, 16*, 208-212.

Ortiz, A., & Maldonado-Colon, E. (1986). Recognizing learning disabilities in bilingual children: How to lessen inappropriate referrals of language minority students to special education. *Journal of Reading, Writing, and Learning Disabilities International*, pp. 43-56.

Roseberry-McKibben, C. (1994). Assessment and intervention for children with limited English proficiency and language disorders. *American Journal of Speech-Language Pathology, 3*(3), 77-88.

Santos de Barona, M., & Barona, A. (1991). The assessment of culturally and linguistically different preschoolers. *Early Childhood Research Quarterly, 6*, 363-376.

Schiff-Meyers, N. (1992). Considering arrested language development and language loss in the assessment of second language learners. *Language, Speech, and Hearing Services in Schools, 23*, 28-33.

Tabors, P. O. (1998). What early childhood educators need to know: Developing effective programs for linguistically and culturally diverse children and families. *Young Children, 53*(6), 20-26.

Yansen, E., & Shulman, E. (1996). Language assessment: Multicultural considerations. In L. Suzuki, P. Meller, & J. Ponterotto (Eds.), *The handbook of multicultural assessment* (pp. 353-393). San Francisco: Jossey-Bass.

맥락 내에서의 아동

통합 유아교실에서의 포트폴리오 진단

Ellen M. Lynch, Ed.D., University of Cincinnati

Nancy A. Struewing, M.Ed., Winton Woods School Districk, Cincinnati, OH

진단평가, 또는 아동에 대한 체계적인 정보수집(Wolery, 1994)은 대개 통합 유아교육 프로그램의 필수적인 부분이다. 그러나 종종 교사들은 무엇을, 왜 진단평가하는지에 대해 분명한 이해를 하고 있지 않는 경우가 있다. Wolery(1994)는 정보수집 과정에 참여하는 일곱 가지 목적을 선별, 진단, 특수교육 적격성 결정, 교수 계획, 배치 결정, 진도 점검, 프로그램 평가로 확인하였다. 특정한 이유로 아동에 대한 정보가 필요하다고 결정하면, 교사들은 그 자료를 획득하기 위해 사용할 전략을 결정한다. 이러한 방법으로 진단평가의 목적에 따라 자료수집 과정이 정해진다(Cook, Tessier, & Klein, 2000).

포트폴리오 진단은 교사가 교수 계획과정과 아동 발달 진전을 점검할 때 필요한 정보를 수집하기 위해 사용하는 전략이다. Meisels(1993)에 의하면 포트폴리오는 "아동의 노력, 진보, 성취를 보여 주는 아동 작품을 의도적으로 수집하는 것"(p. 37)이다. 이 접근으로 교사는 아동의 행동과 활동을 관찰 기록하고, 작품 사례를 체계적으로 수집해, 관찰한 내용의 의미를 반영하고, 이 정보를 교육과정 계획과 개정에 이용한다(MacDonald, 1997).

포트폴리오 진단이 정상발달 아동 학급에서 가치 있는 도구로서 논의되었지만(Gronlund, 1998; MacDonald, 1997; Shores & Grace, 1998), 통합 학급에서도 성공적으로 이용될 수 있다. 본 논문에서는 특수교육대상 아동을 위한 포트폴리오 진단의 장점을 개략적으로 살펴보고 통합 학급에서 이 전략을 적용하는 방법을 단계별로 논의할 것이다.

포트폴리오 진단의 장점

포트폴리오 진단은 교수 계획의 목적으로 자료를 수집하거나 아동의 발달 진도에 대한 정보를 수집하는 교사에게 특히 유용하다. 이 방법의 장점은 다음과 같다.

- **자연적 환경에서 관찰하고 작품 사례를 수집한다**: 이것은 자연적 환경에서 특수교육 대상 유아들이 "그들이 가지고 있는 지식, 기술, 태도 등을 보여 줄 가능성이 가장 많기 때문에"(Hills, 1993: p. 23) 무척 중요하다. 그 결과, 교수 목표와 IEP 목표의 점검과 수정은 수집된 자료의 정확성과 풍부함에 의해 훨씬 의미 있는 과정이 된다.
- **자료수집은 지속적으로 이루어지며 교육과정 계획과 통합된다**:

좀 더 형식적인 평가를 기다리지 않고도 작품 사례가 포트폴리오에 더해질수록 발달적 변화의 진전이 관찰될 수 있다. 뿐만 아니라 IEP 목표를 향한 진전을 쉽게 측정할 수 있고 교육과정 수정이 보다 빨리 이루어질 수 있다.

- **자료수집은 아동의 전체적인 발달에 초점을 맞춘다**: 교사는 형식적 IEP에 포함되지 않은 활동과 성공을 기록할 기회를 가진다. 부모와 교사는 아동의 능력에 대한 포괄적인 관점을 얻을 수 있다.
- **다양한 자원으로부터 정보를 수집한다**: 많은 사람들이 이 절차에 참여하여 아동의 능력에 대한 더욱 정확한 정보를 제공할 수 있다. 교수 팀의 모든 구성원은 다양한 관점을 보여주는 데 기여할 수 있다.
- **아동은 절차에 능동적으로 참여할 기회를 갖는다**: 아동은 팀의 구성원 역할을 할 수 있다. 아동이 자신의 작품을 분석하고 무엇을 포함해야 할지 결정함에 따라, 자율성, 의사결정 기술, 자기 존중감 등을 더욱 발달시킬 수 있다.
- **다양한 배경과 능력을 가진 아동의 통합을 지원한다**: 포트폴리오는 모든 아동이 절차에 참여하는 진정한 통합을 이룰 수 있는 훌륭한 지원이 될 수 있다. 이 방법으로 교사가 각 아동의 진전을 개별적으로 추적할 수 있기 때문에 다양한 문화적 배경을 가

진 아동과 다양한 능력을 가진 아동에게 적합하다. 또한 모든 아동이 통합된다는 사실은 부모와 교수 팀원이 각 아동이 진정한 학습자의 일원임을 깨닫도록 돕는다.

가장 중요한 것부터: 포트폴리오 평가 준비하기

자료수집의 실제적인 절차를 시작하기 전에 고려할 몇 가지 문제들이 있다. 교사가 이러한 문제들을 충분한 시간을 갖고 숙고한다면, 포트폴리오 진단절차를 성공시키기 위해 자신의 능력을 최대한 발휘하게 된다.

- 무엇을 왜 평가하고자 하는지 확인한다. 사회성, 정서, 신체, 인지 발달에 대한 자료수집을 하고자 하는가? 특정 IEP 목표에 더 관심이 있는가? 아니면 일반적인 발달 진전에 관심이 있는가? (Grace, 1992)
- 어떻게 포트폴리오 절차를 전체 진단평가체계에 통합할 것인지 결정한다. 예를 들어, 교사는 교실에서 표준화 검사를 실시해야 한다. 어떻게 하면 다양한 진단평가 전략들이 상호보완될 수 있을지 고려한다.
- 천천히 시작한다. 포트폴리오를 처음 사용하는 사람이라면 구체적인 초점을 가지고 시작하는 것이 좋다. 수집하고자 하는 자료를 요약한 '내용 체크리스트'를 만드는 것이 도움이 될 것이다. 첫 해에는 교사, 아동, 전체 진단평가 과정에 가장 중요한 것을

평가해 가면서 포트폴리오를 천천히 개발할 수 있다.

- **가능성을 조사한다.** 어떤 전략이 자신의 교수 스타일뿐만 아니라 특정 아동 그룹에 잘 맞을지 결정하는 데 도움이 되는 다양한 자원이 있다(이러한 자원들 중 다수가 이 장 뒤에 있는 참고 문헌에 나열되어 있다).
- **비밀 유지가 되는 절차를 개발한다.** 어떻게 포트폴리오를 학급에서 제시할 것인지 고려한다. 포트폴리오를 부모와 다른 전문가들이 쉽게 볼 수 있도록 이동 가능한 선반이나 카트에 놓아 둔다. 수업이 끝나면 모든 카트는 다음 날까지 잠금장치가 된 방에 옮길 수 있다(부모에게는 자녀의 포트폴리오만 볼 수 있다고 하는 친절한 메모를 남기는 것이 좋겠다).
- **학급에 보관할 것과 부모와 아동에게 줄 것을 결정한다.** 요구되지는 않지만 보통 포트폴리오에 담아 둔 대부분의 자료들은 학년 말에 부모에게 돌려 준다. 그러나 프로그램에 몇 년 동안 다닌 아동이라면 몇몇 자료들은 교실에 남겨 둘 수 있다. 원본을 가지고 있는 것보다 필요한 자료를 복사해 두는 것이 좋다. 체크리스트나 최종 보고서의 복사본을 가지고 있는 것은 유용하다. 작품 사례 중 몇 가지 역시 남겨 둘 수 있다.
- **팀이 협력하는 방법을 모색한다.** 새 학년이 시작되기 전에 정규적으로 아동과 상호작용할 사람들(보조교사, 치료사, 교육실습생, 부모, 자원봉사생 등)에게 포트폴리오의 사용에 관한 간단한 훈련을 실시한다. 양식 복사본을 나누어 주고 포트폴리오 샘플을 검토하게 한다. 진단과정의 일부로서 관계자들과 회의를 가진다. 정기적인 회의를 통해 모든 사람이 진행 상황을 잘 알고 있

고, 최신의 포트폴리오를 얻을 수 있게 한다.

이러한 고려사항들을 숙고한 후 정보수집을 시작할 수 있다. 다음에는 어떤 정보들을 수집하고 자료들을 어떻게 저장하고 조직할지에 대한 제안이 설명되어 있다.

실제적인 정보수집: 무엇을 어떻게 포함할 것인가

정보수집: 무엇을 포함할 것인가

일반적으로 포트폴리오는 아동의 발달 진전이나 목표를 향한 향상에 대한 단서를 제공하는 결과물이라면 어떠한 것이라도 포함한다. 무엇을 수집하는가 하는 것은 실제 진단목적에 의해 결정된다. 결과적으로 다음의 리스트는 한정된 리스트라기보다는 제안이라고 생각해야 한다.

- **부모에게 보내는 편지.** [그림 1]은 포트폴리오 과정을 설명하기 위해 부모에게 보내는 편지의 사례다. 학교가 시작되기 전에 이 편지를 보내는 것이 좋고, 편지의 복사본이 포트폴리오에 반드시 포함되어야 한다.
- **가족 정보.** 부모 질문지와 대화를 통해 수집한 정보는 자녀에 대한 그들의 인식, 학교에 대한 그들의 기대, 계획을 세우는 데 도움이 되거나 기타 고려사항을 알려 주는 아동에 관한 개인적 정보들을 이해하는 데 매우 유용하다. 또한 애완동물 이름과 형제자매 이름 알기 등과 같은 특정 정보를 아는 것도 아동과 처음 관계를 형성할 때 매우 유용할 수 있다.
- **부모의 설명.** 부모의 참여는 매우 장려되므로 아동의 진전에 관해 부모가 쉽게 의견을 쓸 수 있는 양식을 포함한다. 양식은 포트폴리오에 같이 보관할 수 있게 종이 한 장 정도로 간단하고, 부모가 의견과 날짜를 쓸 공간이 있으면 된다.
- **회의 기록.** 부모와의 회의는 지속적으로 기록한다. 무엇을 논의하였고, 어떤 것을 고려하였는지, 어떤 목표를 세웠는지 등이 포함된다. 이러한 기록은 앞으로의 계획이나 추후 지도에 참고자료가 되며 가정과 학교의 연계를 위한 논의 전략을 기록하는 공간이 될 것이다. 이러한 기록을 검토하는 것은 다음 회의를 준비하는 데 도움이 된다.
- **녹음자료.** 녹음은 아동의 언어발달을 지속적으로 기록하는 데 매우 효과적인 방법이며 아동의 성격적 특성에 대해 알 수 있다(녹음테이프의 심층적인 분석을 위해 언어치료사와 함께 일할 수 있다). 아동이 추가적인 설명을 더 하기를 원할 경우, 아동이 자신

부모님께

저는 올해 약간 다른 것을 시도해 보고자 하는데, 가능하면 편하신 대로 많은 참여를 부탁드립니다. 저는 올해 포트폴리오를 이용하여 진단하고 각 아동의 진도를 점검하고자 합니다. 저는 이에 관해 많이 읽고, 생각해 보고, 조직을 했으며 이것에 대해 약간 설명해 드리고 무엇을 기대할 수 있는지 알려 드리고자 합니다. 제가 포트폴리오에 보관하고자 하는 많은 항목들은 우리 학교에서 교사들이 오랫동안 해 왔던 실제를 반영한 것입니다. 포트폴리오는 매일의 활동을 기록하는 데 좀 더 체계적이고 조직된 기록 방법입니다.

각 아동의 포트폴리오는 발달의 4가지 영역(언어, 인지, 운동, 사회정서 발달)으로 구분하여 각 영역에 대한 목표를 나열합니다. 각 영역에서 교사의 일화 기록, 아동의 받아 쓰기, 그림과 색칠하기, 작품 샘플, 사진 등이 있습니다. 이런 모든 것들은 각 아동의 흥미, 기술, 성공을 기록할 수 있게 합니다.

포트폴리오는 교실의 부모와 아동이 매일 접근 가능한 곳에 보관할 것입니다. 가장 좋은 포트폴리오는 자녀와 상호작용하는 사람들로부터 얻은 정보를 담는 것입니다. 따라서 부모님의 참여는 매우 중요합니다. 만약 자녀가 학교나 집에서 일어난 뭔가를 그림으로 그리거나 쓰면 자녀에게 그것을 포트폴리오에 넣고 싶은지 물어봐 주시고 학교에 설명과 함께 보내 주십시오.

부모님께서는 언제든지 교실에 들어오셔서 자녀와 함께 자녀의 포트폴리오를 살펴보시기 바랍니다. 포트폴리오를 사용하는 장점 중 하나는 각 아동의 진도를 다른 아동이나 임의의 검사점수와 비교하는 것이 아니라, 자기 자신의 것을 비교한다는 것입니다. 또한 부모님들께서는 다른 아동들의 포트폴리오에 대해서도 존중해 주기를 바라며 다른 아동의 부모가 허락한 경우에만 다른 아동의 포트폴리오를 보시기 부탁드립니다.

포트폴리오의 다른 중요한 부분은 자신의 작품에 대한 아동 자신의 느낌이나 설명입니다. 여러분이 자녀의 작품을 보는 동안 아동이 표현한 어떤 설명이라도 간단히 적어서 그 페이지에 붙여 주시길 바랍니다. 사용하실 수 있도록 포트폴리오 옆에 날짜 도장과 접착식 메모지를 놓아 두겠습니다.

저는 각 아동이 자신의 포트폴리오의 표지를 고안하도록 하겠습니다. 학기 초에 며칠 동안 종이와 굵은 펜을 비치해 아동이 사용할 수 있도록 하겠습니다. 만일 자녀가 표지를 집에서 만들기를 원한다면 그렇게 하는 것도 무방합니다.

그럼, 즐거운 한 해가 되길 빕니다.

교사 드림

[그림 1] 부모에게 보내는 편지의 예

의 테이프를 나중에 들을 수 있게 한다.

- **비디오 자료**. 이러한 기록은 교사와 부모가 아동의 발달과 환경과의 상호작용을 보다 확실하게 파악할 수 있게 해 준다. 비디오테이프는 문서로 기록하기 어려운 진전을 보여 주는 데 도움이 된다. 예를 들어, IEP 목표가 섭식과 관련된 것이라면 아동이 스스로 먹는 비디오 기록을 9월, 10월, 11월에 하면 한정적이긴 하나 자세한 진전을 보여 줄 수 있다.
- **활동 체크리스트**. 아동이 어떤 활동에 가장 많이 혹은 가장 적게 참여하였는지를 아는 것은 매우 중요한 정보가 될 수 있다. 예를 들어, 아동이 모든 감각활동을 회피한다는 것을 관찰했다면, 아동이 이러한 활동을 즐길 수 있도록 작업치료사에게 피부가 덜 예민해지도록 하는 활동을 문의할 수 있다. 아동이 구슬 꿰기 등과 같은 조작활동을 회피하는 것을 관찰한다면 소근육운동 기술이 지체되지 않도록 이 문제에 대해 계속 노력할 것이다. 음악 영역이나 듣기 영역을 회피하는 아동은 청각적 문제를 가질 수 있다. 교사는 아동의 이름과 교실에서 이용 가능한 활동을 나열한 간단한 체크리스트나 차트 등을 만들 수 있다. 또한 차트에 정기적으로 표시하여 교실에서 각 아동의 흥미와 이동 상황을 파악한다.
- **작품 샘플**. 이것은 아동의 진전을 평가하는 데 매우 중요하다. 수집할 수 있는 작품의 예는 쓰기, 색칠하기, 자르기 활동, 콜라주, 수학활동, 그림 그리기, 아동이 읽거나 아동에게 읽어준 책 목록, 아동이 경험한 학급 차트나 그래프, 아동의 받아 쓰기, 인용 등이다. 이들의 상당수는 실제 샘플을 수집하기 어려우므로

사진으로 대체할 수 있다.

- **글쓰기.** 어떤 유아학급에서는 유아들이 정기적으로 글짓기를 할 수 있는 노트를 가지고 있다. 이 노트는 아동의 쓰기 기술의 발달과 인지 과정의 발달에 대한 통찰력을 제공한다. 아동은 자신에게 중요한 것을 쓰거나 그린다. 그러면 이것은 문서로 기록할 수 있는 중요한 정보가 된다. 게다가 이러한 자료를 복사할 수도 있다(다른 아동들과 함께 같은 활동에 참여하는 동안 장애아동은 연필을 잡는 데 특별한 수정이 필요하거나 성공할 수 있도록 시각적 단서가 필요할 수 있다. 이때 작업치료사와 상담이 가능하다.).
- **그룹 프로젝트.** 아동들이 함께 작업하는 것을 사진 찍고, 그들이 말하는 것을 기록하고, 참여한 각 아동을 위한 복사본을 만든다. 주제는 현장학습, 손님, 특별한 그룹 활동, 요리, 특별활동 등과 관련된 이야기의 언어경험을 포함한다.
- **사진.** 활동에 참여하는 아동의 사진으로 교사의 기록과 아동의 말과 함께 많은 기술을 한번에 평가할 수 있다. 예를 들어, 관심이 아동의 잡기 발달에 있다면 여러 번에 걸쳐 아동이 손 전체로 쥐기에서 두 손가락으로 잡기로 발달하는 과정을 보여 주는 사진이 포함될 수 있다. 비싸기는 하지만 이런 경우 디지털카메라가 교실에서 매우 유용한 도구로 쓰인다. 디지털카메라로 교사들은 기록하려고 한 행동을 제대로 찍었는지 즉시 확인할 수 있다. 또한 컬러사진을 곧바로 프린트할 수 있어서 현상 인화하는 시간을 기다릴 필요 없이 바로 포트폴리오에 추가할 수 있다.

사진은 집에 가져갈 수 있기 때문에 포트폴리오에 담을 작품을 만들지 못하거나 만들지 않기로 한 아동에게는 매우 유용하다. 중도의 장애아동이 그중 하나일 것이다. 블록 구조물의 사진, 그룹 프로젝트, 다른 아동과의 상호작용 등의 사진은 영구적인 기록을 제공한다. 또한 부모들에게도 자녀가 학급에서 능동적으로 참여하는 일부로 볼 수 있는 기회를 제공하므로 중요하다.

사진을 정리할 때는 각 사진 아래에 설명을 쓸 수 있는 칸이 있는 넉넉한 크기(A4용지)의 종이에 붙여야 한다. 이 사진 기록지는 여러 장의 사본을 만들어 교사가 기록하거나 아동이 직접 사진 속에 무슨 일이 일어난 것인지를 쓰거나 설명하게 한다. 시각장애 아동이 읽을 수 있게 점자로 기록해 두는 것도 유용하다.

- **일화 기록.** 일화 기록은 교사가 아동의 행동에 대해 판단하지 않고 사실적으로 간단하게 기록한 것이다. 요컨대, 일화 기록은 활동과 사건을 기록하고 아동이 어떻게 환경과 상호작용하는지를 기록한다(MacDonald, 1997, Shores & Grace, 1998). 일화 기록은 아동이 생산한 최종 결과물이라기보다는 과정에 대한 정보를 기록할 기회를 제공한다.

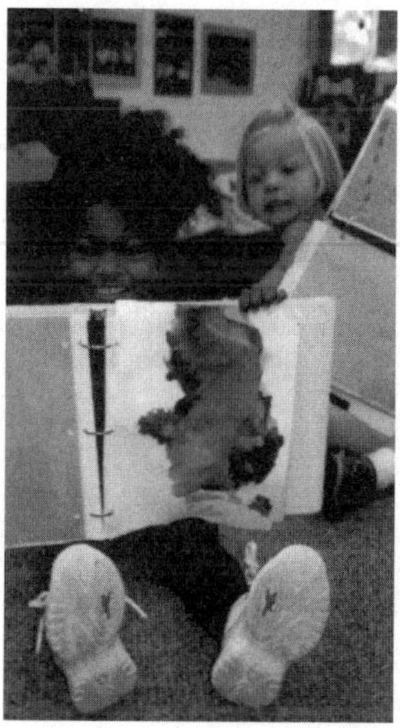

일화 기록은 색인 카드나 작은 종이에 할 수 있으나 학급에서 사용할 수 있게 개발된 양식 역시 효과적으로 사용된다([그림 2] 참조). 이 양식은 사고를 조직할 수 있게 해 주는 것은 물론 교

아동 이름: 케틀린

날짜: 8월 26일 월 화 수 목 금

미술	블록	책	컴퓨터
극놀이	그룹 시간	점심	조작놀이
수학	근육운동실	음악	낮잠
바깥 놀이	퍼즐	과학	감각 테이블
간식	특별활동	글쓰기 영역	

영역: 인지 운동 언어 사회-정서 목표

누구와 함께: 또래 교사 다른 성인 혼자 소그룹 대그룹

버스 잡기 게임을 함. 세 그룹으로 나누고 정확한 뚜껑의 수를 세어 가질 수 있음. 주사위의 빈 칸을 "영"으로 인식함.

사인: *NAS*

[그림 2] 일화 기록 양식의 샘플

사가 상세하고 객관적인 설명을 할 수 있게 한다.

또한 이 도구는 일화 기록에 익숙하지 않은 많은 사람들이 진단평가 과정에 기여할 수 있게 해서 아동의 능력과 흥미에 대한 보다 포괄적인 이해를 할 수 있게 한다([그림 2]의 사례 양식에 '영역' 부분에 '목표'가 포함되어 있음을 주지할 것. 이러한 기재사항은 비밀을 유지하는 동시에 특정 IEP 목표와 관련된 일화를 확인하는 데 사용할 수 있다).

정보수집: 조직

이제 진단평가의 목적을 고려했고 포트폴리오에 무슨 자료를 포함시킬 것인지 결정했으면, 어떻게 정보를 보관하고 조직할 것인지 생각해 봐야 한다. 바인더, X레이 폴더, 파일 폴더, 피자 상자, 구두 상자, 서랍 등과 같이 포트폴리오를 보관하는 몇 가지 방법이 있다. 조직체계를 개발할 때 다음의 사항을 고려해야 한다.

- **보관함을 여러 부분으로 나눌 수 있어야 한다.** 포트폴리오의 부분들은 진단평가 과정의 목적에 따라 결정된다. 사례를 보면 포트폴리오 보관함은 언어, 인지, 운동, 사회-정서의 4가지 발달 영역을 나타내는 부분으로 나뉘어 있다. 각 부분의 첫 페이지는 특정 영역의 특성을 설명하는 종이를 넣어 둔다([그림 3]의 사례 참조). 이 종이는 문서를 제공하는 사람들(교사, 교육실습생, 부모, 작업치료사, 언어치료사 등)에게 정보를 제공한다. 각 영역 내에서 확인된 다양한 목표는 각 그룹의 아동의 발달적 요구와 흥미를 충족시키기 위해 수정되거나 제거될 수 있다. 포트폴리오는 분기, 학기, 월별 등의 시기로 나눌 수 있다(참조: 조직된 포트폴리오의 내용을 구분하기 위해 색인표나 플라스틱 표로 영역 표시를 하는 것이 적절하다.).
- **체계는 부모와 아동에게 접근 가능해야 한다.** 교실에 양식, 굵은 펜, 구멍 뚫는 펀치, 플라스틱 가방(오디오테이프용), 기타 필요한 자료들을 놓을 공간을 마련한다. 포트폴리오에 즉시 넣지 않을 종이들을 담아 둘 상자도 필요하다. 매일 일과 후, 이것들을

언어영역

발달 목적 1: 아동은 의사소통의 다양한 양식을 사용하는 능력(다양한 목적과 상황에서 구어, 비구어, 쓰기, 말하기)을 발달시킬 수 있다.

발달적 기대:

1. 아동은 읽고 쓰고 관찰하는 다양한 활자의 뜻을 이해할 수 있다.
   a. 활자로 된 자기 이름을 인식한다.
   b. 활자로 된 다른 아동의 이름을 인식한다.
   c. 활자의 사용을 탐색한다.
   d. 말하는 단어와 활자 단어의 관계를 이해한다.
   e. 소리-상징의 관계를 실험한다.
   f. 목적을 가지고 쓴다.
   g. 책 읽기의 규칙을 이해하기 시작한다(앞에서 뒤로 읽기, 우측을 위로 해서 잡기)
   h. 친숙한 단어와 구 읽기
2. 아동이 자기가 듣는 다양한 메시지를 이해할 수 있다.
   a. 학급의 일과를 따른다.
   b. 한 단계, 두 단계 지시를 따른다.
3. 아동은 다른 목적으로 다른 청중에게 생각과 정보를 의사소통하기 위해 적절한 형식, 규칙, 스타일을 사용하여 말할 수 있다.
   a. 들은 이야기를 다시 말한다.
   b. 생각, 이야기, 사건들을 구어로 공유한다.
   c. 대화를 시작한다.
   d. 질문을 만들고 사용한다.
   e. 갈등 상황에서 문제를 해결하려는 시도를 할 때 언어를 사용한다.
   f. 적절한 음질과 강도를 사용한다.
   g. 적절한 유창성, 비율, 억양으로 말한다.
   h. 이야기를 성인에게 구술한다.
   i. 완전한 문장으로 말한다.
4. 아동은 의사소통을 촉진하기 위해 컴퓨터를 사용할 수 있다.
   a. 발달에 적합한 소프트웨어로 실험한다.
   b. 발달에 적합한 방법으로 키보드, 터치 패드, 마우스를 사용한다.
   c. 컴퓨터를 사용하여 생각과 아이디어를 프린트하는 것을 탐색한다.

[그림 3] 발달 영역 설명지의 샘플

각 아동의 포트폴리오에 넣을 시간을 가진다. 그렇게 하지 않으면 자료들이 쌓이게 되고 자꾸 미루게 되면 포기하게 된다.

- 포트폴리오는 가능한 적은 공간을 차지해야 하지만 일 년간의 작품을 보관하기에 충분한 공간이 필요하다. 입체작품, 미술작품, 구조물과 같이 포트폴리오에 들어가기에 너무 큰 것은 사진을 찍어 보관하는 것이 좋다.
- 포트폴리오는 저렴해야 한다. 경비부담을 줄이기 위해 각 아동에게 학년이 시작되면 바인더를 하나씩 가져오라고 한다. 또한 부모들에게 일 년에 한두 번 정도 필름을 가져와 달라고 부탁한다(개인적으로 사용할 사진을 간직하고 싶다면 신문에서 쿠폰 등을 찾아볼 수 있다.). 만약 부모가 학급에 기부나 선생님을 위한 선물 등을 제안한다면 필름을 사 달라고 하면 좋을 것이다.

포트폴리오 진단에 대한 최종 참고사항: 어떻게 정보를 수집하고 보관할 것인지 결정했다면 인내심을 가져야 한다. 바꾸려고 결정하기 전에 적어도 일 년 동안 같은 체계를 사용하도록 노력해야 한다. 중간에 대폭적인 변화나 수정을 겪게 된다면 아동과 성인에게 혼란을 줄 수 있다. 또한 특정 체계를 일 년간 사용하면서 앞으로 바꾸고 싶은 것들을 검토할 충분한 시간을 갖게 된다.

진단평가 궤도 완성하기: 숙고, 논의, 변화

본 논문에서는 정보를 수집하고 기록하는 경험에 대한 중요한 정보를 제시하였다. 그러나 포트폴리오 진단평가는 자료들을 교수 계획과정에 정보를 제공하는 데 사용되어야 한다. "교사는 각 아동의 프로그램 장단기 목표와 관련하여 관찰하고 기록한 것에 대해 숙고하여야 한다."(Hills, 1993: p. 27) 수집한 자료는 교육과정을 계획하고 수정하는 데 뿐만 아니라 학급의 모든 아동을 위한 새로운 목표를 세우는 데도 사용해야 한다(Gronlund, 1998; Meisels, 1993). 아동과 일하는 모든 사람은 어떤 형태의 행동을 관찰해야 하는지, 필요하다면 학급에서 발생한 변화를 결정할 수 있는 포트폴리오의 내용을 체계적으로 연구하고 논의해야 한다. 진단평가 과정을 완수하는 데 포함될 몇 가지 제안은 다음과 같다.

- **공식 회의 일정을 잡는다.** 교실은 바쁜 공간이므로 포트폴리오 내용을 검토하는 목적, 새로운 계획 개발, 새로운 목적 개발을 위해 정기적인 회의 일정을 잡는다.
- **적절한 기구를 배치한다.** 테이프를 보고 듣기 위해 모니터와 함께 VCR, 오디오 기기 등이 있어야 한다.
- **미리 안건을 결정하고 참석자들에게 알린다.** 팀 협력은 포트폴리오의 중요한 측면이며 성공 가능성을 높이기 위해 조직이 필수적이다. 다양한 문제를 가진 아동에 대한 회의를 할 때, 각 회의 때마다 한두 가지 발달 영역에 대해서만 초점을 맞춘다.
- **각 회의를 향후 기록과 행동에 대한 계획으로 마무리한다.** 수집한 자료의 결합을 찾는다. IEP 목표를 향한 진전이 있었나? 아니라면, 어떤 활동을 더 하거나 변경해야 하는가? 다음 달 회의 시 논의할 것은 무엇인가?

- **아동에게 초점을 맞춘다.** 포트폴리오가 교사에게 아동, 아동의 흥미, 능력에 대한 귀중한 정보를 제공하지만 주의할 것이 하나 있다. 이 과정을 시작할 때 시간과 노력이 많이 들고 자칫하면 결과물(즉, 포트폴리오와 그 내용)에 초점을 맞추기 쉽다. 분명한 것은 깔끔하고 잘 구성된 포트폴리오는 교육적으로도 훌륭하고 아동에 대한 존중이 나타난다. 그러나 우리의 모든 노력의 초점은 아동의 지속적인 발달적 진전과정을 기록하는 데 맞춰져야 한다. Karz와 Chard(1996)는 결과물에 초점을 맞추면 아동이 스스로 결과물을 만드는 방법을 보여 주는 중요한 '부정 출발과 지속적인 노력'을 놓치기 쉽다고 하였다. 교사가 포트폴리오가 아니라 아동이 어떻게 변하는가에 초점을 맞추고 유지하는 것이 포트폴리오 체계의 성공에 있어 매우 중요하다.

포트폴리오 진단평가 과정이 상당한 계획, 조직, 인내를 요하는 것은 분명하지만, 수고할 만한 가치가 충분히 있다. 교사는 미래의 교육과정 계획과 실행에 영향을 미치는 아동의 흥미와 발달 수준에 대한 정보를 수집할 수 있다. 또한 교사는 자신이 맡은 아동을 훨씬 더 깊이 이해하는 기회를 갖게 된다.

주

Ellen M. Lynch의 연락처: 이메일 ellen.lynch@uc.edu

참고문헌

Cook, R. E., Tessier, A., & Klein, M. D. (2000). *Adapting early childhood curricula for children in inclusive settings*. Englewood Cliffs, NJ: Merrill.

Grace, C. (1992). *The portfolio and its use: Developmentally appropriate assessment of young children*. (ERIC Digest No. EDO-PS-92-11.)

Gronlund. G. (1998). Portfolios as an assessment tool: Is collection of work enough? *Young Children, 53*(3), 4-10.

Hills, T. W. (1993). Assessment in context-Teachers and children at work. *Young Children, 48*(5), 20-28.

Katz, L. G., & Chard, S.C. (1996). *The contribution of documentation to the quality of early childhood education*. Available online: http://ericeece.org/pubs/digests/1996/lkchar96.html.

MacDonald, S. (1997). *The portfolio and its use: A road map for assessment*. Little Rock, AR: Southern Early Childhood Association.

Meisels, S. J. (1993). Remaking classroom assessment with the work sampling system. *Young Children, 48*(5), 34-40.

Shores, E. F., & Grace, C. (1998). *The portfolio book: A step-by-step guide for teachers*. Beltsville, MD: Gryphon House.

Wolery, M. (1994). Assessing children with special needs. In M. Wolery & J. S. Wilbers (Eds.), *Including children with special needs in early childhood programs* (pp. 71-96). Washington, DC: National Association for the Education of Young Children (NAEYC).

유아의 전이

장애유아의 사회적, 행동적, 기능적 기술의 진단평가

Beth Rous, Ed.D., University of Kentucky
Rena A. Hallam, Ph.D., University of Kentucky

"좋아, 얘들아. 이제 자리에 앉을 시간이다."

"자, 이제 옷을 입고 놀이터로 나갈 준비를 하자."

"줄 서. 점심 먹으러 갈 시간이야."

"자, 이제 그만하고 물건들을 정리하세요."

아동 교육에서 바뀌지 않는 과정 중 하나가 아동을 다양한 프로그램으로 이동시키는 것이다. 아동이 유치원에서 학교 프로그램으로 이동함에 따라 교사의 기대도 바뀐다. 교사는 아동이 좀 더 독립적이 되어야 하고, 그룹 지시사항을 따르며, 자신의 필요를 스스로 해결하기를 기대한다. 유아환경에서 학교환경으로의 전이는 가족에게 매우 힘든 일이다(Fowler, Chandler, Johnson, & Stella, 1988; Healy, Keesee, & Smith, 1989). 이런 힘든 상황을 완화시키기 위한 노력으로 아동과 가족을 이러한 변화에 대비해 준비시키는 것은 관련된 모든 사람에게 전이를 보다 성공적으로 만들어 준다(Hains, 1992; Rous, Hemmeter, & Schuster, 1994; Vincent, 1992).

전이는 유아교육과 유아특수교육 분야의 여러 연구자에 의해 정의되었다(Hains, Fowler, & Chandler, 1988; Huntinger, 1981; Wolery, 1989). Lombardi(1992)는 전이를 환경, 기관 또는 교육기관 간의 서비스에서의 차이라고 정의하였다. Kagan(1992)은 더 나아가 전이를 동시간대에 환경 간의 수평적 이동, 시간의 흐름에 따른 환경 간의 수직적 이동으로 설명하였다.

장애아동을 위한 전이과정을 용이하게 하려는 노력으로, 옮겨갈 프로그램에 아동과 가족을 준비시키는 것은 프로그램 계획의 중요 요소가 되었다. 이러한 환경에 아동을 보다 잘 준비시키기 위한 노력으로 통합 환경에 있는 교사들의 기대를 알아보는 연구들이 수행되었다. 연구결과에 의하면, 일반 학급과 보육기관의 교사들은 학문적 기술보다는(예: 세기, 철자 이름 알기) 사회성, 행동, 기능적 기술에(예: 협동적이고 비공격적인 행동, 배변 요구 처리하기) 좀 더 초점을 맞추는 것으로 보인다(Hains, Fowler, Schwartz, Kottwitz, & Rosenkoetter, 1989; Hemmeter & Rous, 1998; Johnson, Gallagher, Cook, & Wong, 1995; Murphy & Vincent, 1989). 이러한 연구결과들에 의해 유치원에서 장애유아의 사회성, 행동적, 기능적 기술을 지원하는 데 더 많은 강조점을 두게 되었다.

발달에 적합한 실제

장애유아의 기능적, 사회적, 행동 기술을 평가할 때의 어려움은 이러한 기술의 진단을 발달에 적합한 실제에 준해서 해야 한다는 것이다. 장애, 비장애 유아를 위한 발달에 적합한 실제에 대한 전문가의 권고사항은 아동 발달 연구, 아동 개인의 요구, 가족과 지역사회의 요구와 가치에 근거한 유아프로그램의 요구를 강조하고 있다(Bredekamp & Copple, 1997). 발달에 적합한 맥락에서 유아에게 부적합한 기대를 강요하지 않으면서 이러한 영역에서의 아동의 기술을 진단하는 것이 가능하다.

무엇보다 교사(또는 진단을 담당하는 사람)의 역할은 이 과정에서 무척 중요하다. 교사는 사회적, 행동적 기술을 평가할 때 아동의 연령, 아동 개인의 요구, 가족의 요구를 고려해야 한다. 따라서 4세 아동에게 유치원을 준비시키려고 긴 지시 따르기나 10분 동안 줄 서서 기다리기 등을 기대해서는 안 된다. 그러나 간단한 지시 따르기와 곧 하려고 하는 활동을 잠깐 동안 기다리기 등을 할 수 있는 능력을 파악할 수 있다. 이 과정은 지역사회의 문화적 실제와 사회적 실제와의 관계를 고려해야 한다. 이 모든 정보는 교사와 부모가 아동을 앞으로의 교육환경에 적응할 수 있게 준비시키고, 옮겨갈 환경을 아동의 요구에 맞게 수정하는 데 유용하다.

유용한 초보 기술 체크리스트 개발

유용한 초보 기술 체크리스트(The Helpful Entry Level Skills: HELS Checklist, Byrd & Rous, 1990)는 교사가 아동의 유아원에서 공립학교 유치원, 학교 프로그램으로의 전이를 촉진하는 기술을 선택하는 데 도움이 되도록 고안된 것이다. 이 도구는 3~6세 아동의 기능적, 행동적, 사회적 기술을 평가하는 데 사용될 수 있다. 평가 항목의 예는 [그림 1]에 나열되어 있다. 체크리스트에 포함된 기술들은 통합 유치원과 학교환경으로의 전이를 성공하는 데 중요하다고 확인되었다(Hains et al., 1989; Hemmeter & Rous, 1997; Johnson et al., 1995).

유용한 초보 기술 (HELS) 체크리스트는 미국 교육부 장애아동 조기교육 프로그램(Handicapped Children's Early Education Program: HCEEP)에서 모델 프로그램 기금의 일환으로 1985년에 처음 개발되었다(1990년에 개정됨). 유아원, 유치원, 초등 1학년 교사들과 특수교사에게 공립학교 프로그램에 들어오는 아동에게 유용한 기술을 확인해 줄 것을 요청하였다. 이 나열된 기술들은 기술 기대에 대한 최신의 문헌과 비교하여 외부의 검토자들에게 보내졌다.

그들의 의견을 바탕으로 체크리스트에 기술들을 포함하였고 진단

아동 이름: ____________________

기록자: ____________________

기술	사전 검사일			연 중			사후 검사일			설명
작업 기술	예	아니요	가끔	예	아니요	가끔	예	아니요	가끔	
1. 다른 아동이 활동을 방해하면 위축된다.										
2. "그만해."라는 지시를 받으면 활동을 멈춘다.										
3. 발달에 적합한 자료를 가지고 독립적으로 한다.										
4. 발달에 적합한 자료가 주어지면 과제를 완수한다.										
5. 과제와 관련된 간단한 지시를 따른다.										
6. 1−3−10−15분 동안 발달에 적합한 활동에 참여한다.										
7. 활동을 시작하기 위해 지시가 끝날 때까지 기다린다.										

목표 기술 # ____________________

주요 단서: V = 구어적 촉진/안내 P = 신체적 촉진/안내

M = 모델 촉진/안내 I/E = 일관성이 없거나 싹트기 기술

Byrd, M. R., & Rous, B. S. (1990). *Helpful Entry level Skills Checklist* (Rev. ed.). Lexington, KY: Child Development Centers of the Bluegrass, Inc.

[그림 1] 유용한 초보 기술 체크리스트 샘플

평가 도구의 형식이 개정되었다. 그 후 체크리스트는 31명의 아동이 속한 지역사회의 유치원 프로그램 교사들에 의해 실증 연구(Field test)되었다. 학교환경에 전이한 후 1회의 추후 자료를 포함하여, 아동들을 위한 전이 계획을 촉진하는 진단평가 도구의 유용성에 대한 자료들이 수집되었다. 이 추후 자료에 따르면, 학령기 아동 프로그램에 있는 교사 중 68%는 HELS 체크리스트가 아동의 학교환경으로의 적응을 돕는 아동의 기술 수준에 대한 실제적인 정보를 제공한다고 여겼다(Wolery & Stilwell, 1986).

도구개발의 초반에 이후 성공적인 전이에 중요하다고 확인된 기술에 대한 최신의 연구를 반영하기 위해 도구를 재검토하고 수정하였다(예: Fowler, 1980; Hemmeter & Rous, 1998; Vincent & Salisbury, et al., 1980). 최종적인 체크리스트는 사회성, 행동 지시 따르기, 차례 지키기, 학급 일과와 규칙 따르기, 독립적인 기능 등과 같은 기능적 기술을 포함한다.

교사가 발달에 적합한 방법으로 사회적 행동적 기술을 평가할 수 있도록 하기 위해 아동의 연령에 따른 해석 지침이 HELS의 각 기술 항목에 따라 개발되었다. 〈표 1〉은 HELS 체크리스트에 나타난 몇 가지 기술의 예와 어떻게 다양한 연령의 아동을 위해 다르게 해석될 수 있는지의 사례를 제공한다.

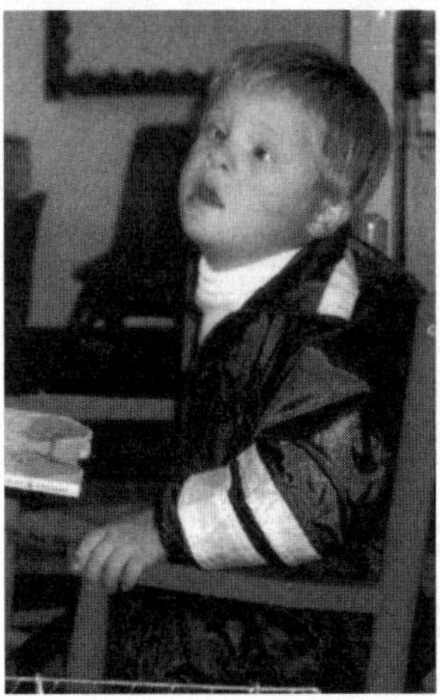

초보 기술의 습득은 분명 공립학교 프로그램에 배치하기 위한 요구 사항

은 아니며 그렇게 되어서도 안 된다. 그러나 이러한 유형의 기술은 아동이 새로운 환경에 적응하도록 돕고 최소 제한적인 환경으로의 배치를 촉진시킨다. 모든 유아에게 적합한 특정한 기능적 기술 세트를 결정하는 것은 어렵지만 이런 기술들이 대체로 일반적이며 대부분의 프로그램에서 필요하다는 것을 확인할 수 있다. 선택된 기술은 유치원에서 공립학교로의 성공적인 전이를 촉진하는 데 가장 중요한 것으로 간주된다.

HELS의 활용

HELS 체크리스트는 전이를 경험하는 아동을 위한 특정한 기능적인 기술을 기록하고 확인하는 체계적인 방법을 제공한다. 일단 체크리스트를 시행하고 기술을 확인하면 전이 목표를 수립하고 이를 IFSP나 IEP에 통합할 수 있다. 아동의 IFSP나 IEP에 목표를 포함하는 이유는 가족과 함께 전이과정과 관련한 문제들을 확인하기 위한 것이다. 초보 기술에 덧붙여, 가족이 아동의 전이에 능동적으로 참여할 수 있는 다른 영역을 확인한다.

HELS 체크리스트는 학급 규칙, 작업 기술, 의사소통, 사회/행동, 자기 관리의 다섯 영역에서의 기술을 포함한다. 이 양식은 연령에 따른 중재 목표 기술이 요약된 요약 페이지를 포함한다. 또한 이 양식은 포함된 개별적 기술 내에 일반적인 설명, 개별적 설명을 포함한다. 기술 요약 페이지와 학급 표([그림 2] 참조)가 각 체크리스트에 포함되었다. 이 기술 요약 페이지는 목표 기술을 강조하고 가족, 관

〈표 1〉 발달 연령별 유용한 초보 기술 체크리스트

기술	3세	4세	5세	6세
의사소통 #1 신호를 보내면 성인에게 온다	아동은 구어적, 신체적 촉진이 필요할 수 있다.	신호를 보내면 다른 촉진 없이 온다.	신호를 보내면 다른 촉진 없이 온다.	신호를 보내면 다른 촉진 없이 온다.
#2 자신의 요구와 선호를 의사소통한다.	아동은 요구할 때 구어, 비구어적인 방법을 함께 사용하여 요구와 선호를 의사소통할 수 있다. 아동은 요구와 선호에 대해 먼저 의사소통을 시작하지 않을 수 있다.	아동은 성인의 촉진에 대한 반응으로 구어적으로 요구와 선호를 표시할 수 있다. 아동은 요구와 선호에 대해 구어, 비구어적인 방법으로 의사소통을 시작할 수 있다.	아동은 성인의 촉진에 대한 반응으로 구어적으로 요구와 선호를 표시할 수 있다. 아동은 요구와 선호에 대해 구어, 비구어적인 방법으로 의사소통을 시작할 수 있다.	아동은 요구와 선호에 대해 의사소통의 구어, 비구어적 방법으로 시작행동을 하거나 성인의 촉진에 대해 반응할 수 있다.
#3 자신, 가족, 이름, 주소, 나이, 생일, 부모 이름에 대한 질문에 답한다.	아동은 이름과 나이를 안다.	아동은 이름, 나이, 부모와 형제의 이름을 안다.	아동은 이름, 나이, 부모와 형제의 이름을 안다.	아동은 모든 나열된 정보를 안다.
#4 그룹에게 말하는 또래나 성인에게 주의를 기울인다.	아동은 교실에서 방해되는 사건 없이 짧은 시간 동안(5분) 또래나 성인에게 주의를 기울일 수 있다.	아동은 교실에서 방해되는 사건 없이 짧은 시간 동안(5분) 또래나 성인에게 주의를 기울일 수 있다.	아동은 교실에서 최소한의 방해만으로 짧은 시간 동안(5~10분) 또래나 성인에게 주의를 기울일 수 있다.	아동은 방해가 있어도 또래나 성인에게 주의를 기울일 수 있다.

Hemmeter, M. L., & Rous, B. S. (1992). *Developmental ages for skills included in the Helpful Entry Level Skills Checklist*. Lexington, KY: Child Development Centers of the Bluegrass, Inc.

교사: 베스　　　　　　　　　　　　학년도: 1991학년도

기술	학급 규칙									작업기술							의사소통				사회성/행동												자기 관리								
아동 이름	1	2	3	4	5	6	7	8	9	1	2	3	4	5	6	7	1	2	3	4	1	2	3	4	5	6	7	8	9	10	11	12	1	2	3	4	5	6	7	8	9
샘	✓			✓									✓				✓				✓					✓							✓						✓		
존			✓										✓					✓			■													✓							
새라	✓									■		✓					✓																			✓					
마이크						✓										✓		✓				✓											■						✓		

설명:

기호: ✓=목표
■=성취

일반적인 지침:
각 아동의 목표 기술이 확인되는 대로 표를 완성한다. 목표 기술이 확인됨에 따라 표에서 해당되는 부분을 ✓로 표시한다. HELS 체크리스트는 연중, 연말에 완성되면, 표에 새로운 목표 기술을 표시하기 위해 다른 색깔로 바꾼다. 성취한 기술은 칸을 색칠하여 표시한다.

Rous, B.(1990). *Project STEPS training module handout notebook*. Lexington, KY: Child Development Centers of the Bluegrass, Inc.

[그림 2] 전이 기술의 학급 표

련 서비스 제공자, 아동의 삶에 관련된 사람과(예: 보육기관, 확대 가족) 이 정보를 공유함으로써 중재를 위한 목표 기술을 요약하는 데 사용될 수 있다. 학급 표는 교사가 아동에게 필요한 기술과 관련하여 매일, 매주의 수업과 활동을 구성하도록 돕는 데 사용된다. 또한 표는 기술 발달을 모니터링하고 기록하는 데 사용된다.

체크리스트의 의도가 5, 6세 아동의 전이를 돕는 것이기 때문에 체크리스트에 나열된 많은 기술들은 3세 아동의 프로그램에 적합하지 않다. 그러나 발달 지체를 경험하는 많은 아동이 기술을 습득하는 데 많은 시간을 요하기 때문에 교사는 5, 6세에 이해할 필요가 있는 주요 용어를 소개함으로써 전이 계획을 일찍 시작할 수 있다(예: 열, 행). 또한 일찍 초보 기술을 평가함으로써 유아 프로그램에서 아동의 사회적, 행동적, 기능적 기술의 발달을 돕는 데 사용된 지원을 기록할 수 있다. 예를 들어, 어떤 아동이 3세에 용변 처리를 하려면 신체적 지원(아동의 손 위에 손을 얹는)이 반드시 필요하다. 그러나 4세 때 그 아동은 구어적 지원만 필요할 수 있다("물 내리는 것 기억해"). 지속적으로 제공된 특정 지원 유형은 교사가 현재와 미래의 새로운 기술을 습득하는 데 보다 나은 계획을 세우는 데 도움이 된다.

HELS 체크리스트는 아동이 유아 프로그램에 등원하기 직전이나 등원 후 4~6주 이내에 완수해야 한다. 등원 초기 몇 주 동안은 교사가 아동을 관찰하여 진술된 기술의 존재 여부를 확인하기 위해 아동

을 관찰한다. 또한 도구는 형식적 평가가 아닌 체크리스트로 사용되도록 고안해야 한다. 가족 구성원과 아동을 위해 일하는 사람은 이 체크리스트를 완수하는 데 도움을 줘야 한다.

체크리스트 시행 지침은 세 가지 가능한 반응과 수정과 명료화를 위한 설명을 포함한다([그림 1] 참조). 세 가지 반응은 다음과 같다.

1. 예—행동을 잘 수행하고 있다. 아동은 기술을 독립적으로 수행하거나 가끔씩만 교사의 지원을 받을 뿐이다. '예' 칸에 아동이 그 기술을 수행하는 데 필요한 촉진이나 지원 수준을 표시하는 기호를 사용한다. 'V'는 아동이 기술을 수행하는 데 구어적 지원이 필요했음을 의미한다. 설명 칸에 특정 구어적 단서를 기록한다. 'M'은 기술을 수행하는 데 시범이 필요했음을 의미한다. 설명 칸에는 시범의 유형과 누가 시범을 보이는지에(즉, 또래 또는 교사) 대한 특정 정보를 기록한다. 'P'는 신체적 지원을 표시하는 데 사용한다. 설명 칸에 신체적 촉진의 유형에(예: 손 위에 손을 올려) 대한 정보를 기록해야 한다.
2. 아니요—행동이 관찰되지 않았거나 지원을 했지만 행동을 이끌어 낼 수 없었다.
3. 가끔—기술이 일관되지 않거나 싹트기 기술이다. 일관되지 않은 것으로 기록된 기술은 아동이 그 기술을 가끔씩만 보이거나 아동이 그 기술을 관련된 여러 환경에서 일반화하지 않은 것을 말한다. 싹트기 기술이라고 기록한 것은 아동이 교사의 특정 중재 없이 관찰 기간 동안 점점 나아지는 수행을 보이는 것이다.

설명 칸은 교사가 수정, 지원, 고려사항, 아동이 기술을 보이지 않는 이유 등을 설명하도록 제공된 것이다. 예를 들어, 의사소통 기술 #2를(자신의 요구와 선호를 의사소통한다) 평가할 때 비구어적인 아동은 자신의 요구를 수화나 보완의사소통체계를 사용할 수도 있다. 이러한 경우, 그 기술을 '예'로 표시하고 설명 칸에 아동이 어떻게 의사소통했는지 표시하는 데 사용한다. 설명 칸이 아동을 위한 프로그램을 어떻게 할 것인지에 대한 단서를 제공하기 때문에 설명 칸은 평가과정의 중요한 일부가 되어야 한다. 이를테면, 체크리스트를 완수한 후에 아동이 두 단어의 구어적 지원에 매우 반응적이라고 기록할 수 있다. 이 정보는 아동을 위한 프로그램 계획에 중요하게 사용된다.

체크리스트를 작성한 후 아동의 성공적인 전이를 방해하는 기술들을 확인해야 한다. 이 기술들은 대개 자연스럽게 유아 프로그램에 통합되어, 목표 기술이 아동이 추가적인 기술을 필요로 하는 영역이거나 아동에게 가장 중요한 기술(예: 안전 문제)임을 표시해야 한다. 이미 설명한 것과 마찬가지로 가족을 위한 권장 사항은 가족의 일과, 일정, 문화 존중에 있다. 목표 기술은 여러 환경에서의 일관성을 유지하기 위해 다른 보육교사, 관련 서비스 제공자와 공유해야 한다.

아동의 목표 기술은 아동의 연령에 따라 달라진다. 3세 아동에게는 신체적 촉진이나 구어적 촉진으로 특정 기술을 수행할 것을 기대한다. 그러므로 프로그램 계획은 주요 개념의 소개를 중심으로 또는 다른 기술의 예비 기술을 목표로 할 수 있다.

체크리스트는 교사가 아동의 초보 기술을 연중 재평가할 기회를 제공한다. 교사는 목표 영역에서의 진전을 결정하고 아동의 목표 영역과 목표를 수정하기 위한 형식화된 절차를 마련한다. 교사는 학년 중 마지막 달이나 아동이 프로그램을 떠날 때에 사후 검사를 시행할 수 있다. 사전 검사와 같은 지침이 연중, 사후 검사에도 적용되어야 한다. 교사는 사전 검사인지 사후 검사인지에 따라 체크리스트를 완성할 때 다른 색깔로 표시한다. 양식 자체는 진전을 반영하고 진전 요약은 교사가 작성한 최종 보고서나 진전 보고서에 포함된다. 마지막 학부모 회의 때 체크리스트를 검토하고 방학 중 해야 할 일들을 제안한다.

추후 지원

부모의 동의하에 HELS 체크리스트의 복사본을 아동이 옮겨갈 기관 교사에게 보내는 것이 좋다. 여기에는 유치원 교사가 준비한 추후 지도 자료들이 포함되어야 한다. 교육적 요약과 보고, 작품 샘플, 기타 관련 정보도 포함되어야 한다. 아동의 가족이 이 자료들을 새로운 교사(받는 교사)에게 전달하거나 유치원에서 공문으로 보낼 수도 있다.

사 례

메리는 4세 여아로 장애, 비장애 유아를 위한 교육 서비스를 제공하는 유아 프로그램에 다니고 있다. 메리의 개별화교육프로그램에

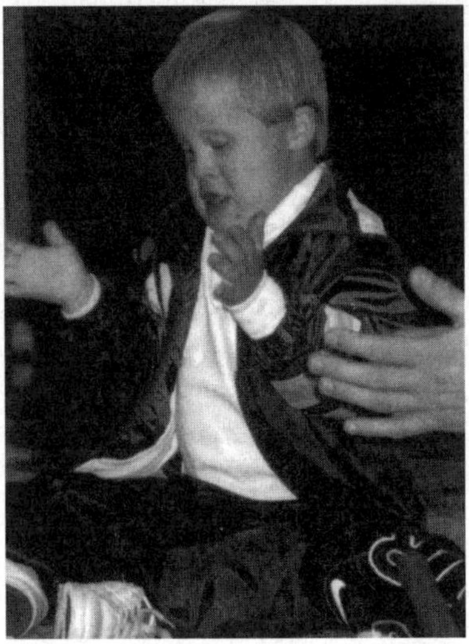

따라 치료 서비스가 제공되고 있다. 메리는 전반적 발달 장애를 가진 것으로 진단되었고 현재 교육, 작업치료, 언어치료를 받고 있다. 현재 진단정보에 따르면, 메리는 컴퓨터와 대근육 운동기술에 대한 관심, 일과를 잘 따르고, 좋아하는 것과 싫어하는 것을 비구어적으로 의사소통할 수 있는 능력을 포함한 강점을 보여 준다. 메리의 요구 영역은 표현 의사소통, 사회적 상호작용, 감각운동처리, 소근육 운동기술을 포함한다. 메리는 공립학교에 배치되어 곧 유아 프로그램에 들어갈 예정이다.

메리는 학년 말에 유아 프로그램을 마칠 것이다. 표현 의사소통 기술의 부족으로 교사와 작업치료사는 프로그램을 촉진하고 전이 계획의 중점이 될 영역을 확인하기 위해 HELS 체크리스트를 사용하기로 결정하였다. 체크리스트의 사전 검사 부분은([그림 1] 참조) 작업치료사, 주교사, 메리의 엄마 타냐가 포함된 팀이 학기 초에 마쳤다. 체크리스트를 마친 후에 팀은 메리가 구어적 지원을 받으면

체크리스트의 많은 기술들을 성취할 수 있음을 알게 되었다. 그러나 메리는 아직도 교실과 학교 안에서의 전이를 포함한 많은 기술을 성취하는 데 신체적 지원이 필요하다.

사전 검사를 마친 후 12가지의 기술이 이번 학년의 중재목표로 결정되었다. 선택된 12가지 기술 중 가장 우선순위인 네 가지 기술 영역이 메리의 개별화교육프로그램의 목표로 통합되었다. 다른 기술들은 교실의 일상적인 일과와 활동 내에서 다른 활동과 연계되어 가르쳤다. 메리의 IEP 목표가 된 기술은 다음을 포함한다: 적절하게 앉아서 기다린다, 활동 간 전이를 한다, 교실 밖에서 그룹과 함께 있는다, 부모와 떨어져서 학교에 적응한다.

메리가 교실과 학교 안에서의 전이에 어려움을 가지고 있기 때문에 다음과 같은 학급에서의 권장사항이 결정되었다. 작업치료사와 언어치료사는 매일의 일과 간 전이와 각 활동 내 특정 단계에 메리에게 단서가 될 일련의 사진 카드를 만들었다. 예를 들면, 이야기 나누기 시간에 달력, 날씨 표, 세면대를(간식을 먹기 위해 손을 씻어야 함을 알리는) 포함한 사진 등을 사용한다. 집에서 사용할 수 있도록 순서대로 만든 카드를 제공하였다.

2학기 초에 작업치료사와 주 교사는 체크리스트의 중간점검을 마쳤다. 결과를 보면, 부모와 헤어지고 학교에 적응하는 데 진전이 있었다. 이로써, 메리의 IEP에 새로운 목표가 추가되었다: 교사의 관심을 얻기 위해 적절한 행동을 사용하기다. 평가를 통해 얻어진 정보는 메리의 엄마와 공유하였고 배치된 후 공립학교 교사와 공유하였다.

학기 말에 체크리스트의 사후 검사를 마쳤다. 당초의 직접적, 간접적인 중재의 12가지 목표 기술 중, 메리는 다섯 가지 기술을 습득하였다. 또한 메리는 체크리스트에 포함된 41가지 기술 중 총 37가지 기술을 습득하거나 진전을 보였다. 체크리스트와 목표 기술의 복사본을 추후 지원 자료에 담아 새 학년에 메리가 다닐 유치원에 보냈다.

메리는 유아 프로그램의 방학 프로그램에 참여할 것이고 목표 기술은 여름 캠프 프로그램에 포함될 것이다. 가족의 요구로 방학 기간 동안 집에서 목표 행동을 지속적으로 중재하도록 권장사항이 제공되었다. 순서 카드를 집에서도 지속적으로 사용하는 것과 권장 장난감 리스트를 포함한 이 권장사항은 관심 얻기와 차례 지키기 기술의 증가와 소근육운동 조작기술의 향상에 도움이 될 것이다. 따라서 작업치료사는 여름 동안 비공식적으로 메리를 계속 방문하여 목표 기술의 여름 치료 계획에 주력할 것이다.

협력적 계획

유용한 초보 기술 체크리스트는 유아의 사회적, 행동적, 기능적 기술을 평가하고 촉진하는 체계적인 형식을 제공한다. 평가의 양식은 가족, 교사, 치료사, 관련 서비스 제공자가 협력적 계획을 하도록 고안되었다. 이 도구는 유아와 가족의 전이를 촉진할 것이다.

주

Beth Rous의 연락처: 이메일 brous@uky.edu

본 논문은 미국 교육부 장애 아동을 위한 조기교육 프로그램의 기금(H024D 20027, H024D6001)의 일부를 지원받은 것이다.

참고문헌

Bredekamp, S., & Copple, C. (1997). *Developmentally appropriate practice in early childhood programs: Revised edition.* Washington, DC: National Association for the Education of Young Children.

Byrd, M. R., & Rous, B. S. (1990). *Helpful Entry Level Skills Checklist* (Rev. ed.). Lexington, KY: Child Development Centers of the Bluegrass, Inc.

Fowler, S. A. (1980). Transition to public school. In K. E. Allen (Ed.), *Mainstreaming in early childhood education* (pp. 242-254). Albany, NY: Delmar Publications.

Fowler, S. A., Chandler, L. K., Johnson, T. E., & Stella, M. E. (1988). Individualized family involvement in school transitions: Gathering information and choosing the next program. *Journal of the Division of Early Childhood, 12*(3), 208-216.

Hains, A. H. (1992). Strategies for preparing preschool children with special needs for the kindergarten mainstream. *Journal of Early Intervention, 16*(4), 1-12.

Hains, A. H., Fowler, S. A., & Chandler, L. K. (1988). Planning school transitions: Family and professional collaboration. *Journal of the Division of Early Childhood, 12*(2), 108-115.

Hains, A. H., Fowler, S. A., Schwartz, I. S., Korttwitz, E., & Rosenkoetter, S. (1989). A comparison of preschool and kindergarten teacher expectations for school readiness. *Early Childhood Research Quarterly, 4*, 75-88.

Healy, A., Keesee, P. D., & Smith, B. S. (1989). *Early services for children with special needs: Transactions for family support.* Baltimore: Paul H. Brookes.

Hemmeter, M. L., & Rous, B. S. (1992). *Developmental ages for skills included in the Helpful Entry Level Skills Checklist.* Lexington, KY: Child Development Centers of the Bluegrass, Inc.

Hemmeter, M. L., & Rous, B. S. (1998). *Teacher's expectations of children transitioning into kindergarten or ungraded primary programs: A national survey.* Manuscript in progress.

Huntinger, P. L. (1981). Transition practices for handicapped young children: What experts say. *Journal of the Division of Early Childhood, 2*, 8-14.

Johnson, L. J., Gallagher, R. J., Cook, M. J., & Wong, P. (1995). Critical skills for kindergarteners: Perceptions from kindergarten teachers. *Journal of Early Intervention, 19*(4), 315-327.

Kagan, S. (1992). The strategic importance of linkages and the transition between early childhood programs and early elementary school. In *Sticking together: Strengthening linkages and the transition between early childhood education and early elementary school* (Summary of a National Policy Forum). Washington, DC: U.S. Department of Education.

Lombardi, J. (1992). Beyond transition: Ensuring continuity in early childhood services. *ERIC Digest.* ERIC Clearinghouse on Elementary and Early Childhood Education. EPO-PS-92-3.

Murphy, M., & Vincent, L. J. (1989). Identification of critical skills for success in day care. *Journal of Early Intervention, 13*(3), 221-229.

Rous, B. (1990). *Project STEPS training module handout notebook.* Lexington, KY: Child Development Centers of the Bluegrass, Inc.

Rous, B., Hemmeter, M. L., & Schuster, J. (1994). Sequenced transitions to education in the public schools: A systems approach to transition planning. *Topics in Early Childhood Special Education, 14*(3), 374-393.

Vincent, L. J. (1992). Families and early intervention: Diversity and competence. *Journal of Early Intervention, 16*, 166-172.

Vincent, L. J., Salisbury, C., Walter, G., Brown, P., Gruenewald, L., & Powers, M. (1980). Program evaluation and curricular development in early childhood special education: Criterion of the next environment. In W. Sailor, B. Wilcox, & L. Brown (Eds.), *Methods of instruction for severely handicapped students* (pp. 303-328). Baltimore: Paul H. Brookes.

Wolery, M. (1989). Transitions in early childhood special education: Issues and procedures. *Focus on Exceptional Children, 22*(2), 1-6.

Wolery, M., & Stilwell, D. (1986). *Formative evaluation study of Project steps: Year II evaluation 2.* Lexington, KY: University of Kentucky.

진단평가에 도움이 될 자원들

영유아와 가족에 대한 정보의 효과적인 수집, 공유, 활용을 돕는 부가적인 자원들을 소개한다. 이 자원들은 가격이 다양하다. 대부분의 자원은 개인적으로 부담할 수 있는 것이고 어떤 것들은 기관이나 학교에서 구입하는 것이 바람직하다.

Camille Catlett, M.A., University of North Carolina at Chapel Hill

도서

▶ 유아를 위한 대안 진단평가(Alternative Approaches to Assessing Young Children)

by A. Losardo & A. Notari-Syverson (2001)

유아를 위한 6가지의 대안 진단평가 방법(자연적, 집중적, 수행, 포트폴리오, 역동적, 교육과정 중심 언어)이 자세하게 소개되어 있다. 각 장에서 각 접근법의 장점과 단점을 요약하고, 실행 방법, 통합 환경에서의 사용을 위한 제안, 자료 수집표의 예와 함께 자세히 설명하고 있다. 이 책에 소개된 아이디어들을 자신의 교수에(예: 학습 목표, 논의 전략, 자기 학습 평가, PPT 자료, 다른 자료와의 연계 등) 활용하고자 하는 교사들을 위해 웹사이트에서 제공하고 있는 부가적인 정보를 참고하기 바란다(http://textbooks.brookespublishing.com/losardo).

Paul H. Brookes Publishing

P.O. Box 10624

Baltimore, MD 21285-0624

(800) 638-3775

Fax (410) 337-8539

http://www.pbrookes.com

▶ 유아기 제1, 제2언어발달의 진단과 촉진(Assessing and Fostering the Development of a First and a Second Language in an Early Childhood Child Development Division)

by the California Department of Education (1998)

이 자료는 문화적, 언어적으로 다양한 배경을 가진 유아의 언어발달을 진단평가하고 촉진하려는 학생과 교사, 부모를 훈련하는 데 도움을 주기 위한 것이다. 유아 프로그램 환경에서의 정보수집, 가족 구성원의 참여, 언어를 학습하는 유아를 돕기 위한 교육과정의 수정 등에 관한 6단계의 시범과 설명을 담고 있다. 비디오테이프는 아동이 어떻게 학습하고 수행하는지, 교사가 이 과정을 어떻게 도와줄 수 있는지를 인지하는 데 도움이 되고 문화적으로 민감한 통찰력을 제공할 것이다.

CDE Press

P.O. Box 271

Sacramento, CA 95812-0217

(800) 995-4099

FAX (916) 323-0823

http://www.cde.ca.gov/cdepress/

▶ 조기중재/유아특수교육에서의 DEC 추천 실제(DEC Recommended Practices in Early Intervention/Early Childhood Special Education)

by S. Sandall, M. E. McLean, & B. J. Smith (2000), 편집

이 책은 추천 실제를 사용하는 이들에게 추천 실제와 전략에 대한 훌륭한 최신의 정보를 제공한다. John T. Neisworth와 Stephen J. Bagnato가 쓴 2장(Recommended Practices in Assessment)은 용어 정의, 양질의 진단평가에 대한 설명, 개인과 프로그램의 진단평가를 위한 체크리스트를 제공한다.

Sopris West

4093 Specialty Place

Longmont, CO 80504

(800) 547-6747

FAX (888) 819-7767

http://www.sopriswest.com

▶ 이건 중요한 거예요: 아들로부터의 가르침(It Matters: Lessons From My Son)

by J. Fialka (1997)

이 책의 시는 부모가 부모에게, 부모가 교사에게 무엇이 효과적이고 무엇이 효과적이지 않은지를 직접적이고 솔직하게 말하고 있다.

특히 모든 가족과 교사는 "낙인" "나쁜 소식을 전할 때" "사례를 연구할 전문가를 위한 충고"를 반복해서 읽을 필요가 있다.

Janice Fialka

10474 La Salle Boulevard

Huntington Woods, MI 48070

(248) 546-4870

ruaw@aol.com

▶ 영유아의 발달적 진단에 대한 새로운 시각(New Visions for the Developmental Assessment of Infants and Young Children)

by S. J. Meisels & E. Fenichel (1996), 편집

이 책은 다섯 가지 관점 중 하나인 가족의 관점을 명확하면서 최신의 주요 관점으로 다시 생각하게 한다. 또한 문화적 고려, 정보수집 전략, 정책적 고려 등도 다루었다.

Paul H. Brookes Publishing

P.O. Box 10624

Baltimore, MD 21285-0624

(800) 638-3775

FAX (410) 337-8539

http://www.pbrookes.com

▶ 한 아동, 두 언어: 영어를 제2언어로 학습하는 유아를 가르치는 교사를 위한 지침(One Child, Two Languages: A Guide for Preschool Educators of Children Learning English as a Second Language)

by P. O. Tabors (1997)

이 책은 유아교사가 유아의 제2언어의 습득과정을 이해하고 다양한 언어적 배경을 가진 유아를 지원하는 환경을 개발하기 위해 조직적, 교육과정적 전략을 개발하도록 돕는다. 광범위한 연구를 바탕으로 저자는 사례, 교수 사례, 교실 관찰, 교수 훈련을 위한 제안, 부모 참여를 위한 전략을 포함한 다양한 자원을 제공한다.

Paul H. Brookes Publishing

P.O. Box 10624

Baltimore, MD 21285-0624

(800) 638-3775

FAX (410) 337-8539

http://www.pbrookes.com

▶ 별을 향해, 미래를 위한 계획(Reach for the Stars, Plan for the Future)

by J. Grisham-Brown & D. G. Haynes (1999)

이 책은 유아를 위한 강점 중심의 계획을 고안하기 위한 진단평가 과정을 구축하는 것에 관한 최초의 안내서다. 제공된 전략과 양식은 긍정적이고 생산적인 미래를 꿈꾸는 가족을 돕고 프로그램 관계자와 함께 계획을 세워 이러한 미래를 향한 단계를 지원하기 위해 고안되었다.

American Printing House for the Blind

P.O. Box 6085

Louisville, KY 40206-0085

(800) 223-1839

FAX (502) 899-2274

http://www.aph.org/

▶ 초학문적 놀이중심 진단(Transdisciplinary Play-Based Assessment)

by T. W. Linder (1993)

이 교재는 자연적 놀이 상호작용을 이용하여 유아(0~6세)에 대한 정보를 수집하는 창조적인 전략을 제공한다. 이 책은 아동의 강점, 요구, 인지, 사회-정서, 의사소통, 감각운동 영역에서의 고려사항 등을 확인하기 위한 관찰 지침과 기록표들을 포함하고 있다.

Paul H. Brookes Publishing

P.O. Box 10624

Baltimore, MD 21285-0624

(800) 638-3775

FAX (410) 337-8539

http://www.pbrookes.com

▶ 초학문적 놀이중심 중재(Transdisciplinary Play-Based Intervention)

by T. W. Linder (1993)

이 책의 강점은 인지, 사회-정서, 의사소통, 감각운동 발달을 촉진하기 위한 초학문적 전략이다. 또한 이 책은 개별화가족서비스계획과 교육 프로그램을 개발하고 실행하는 데 팀원을 지원하기 위한 '초학문적 놀이 중심 중재(Transdisciplinary Play-Based Intervention: TPBI) 계획안'을 제공한다.

Paul H. Brookes Publishing

P.O. Box 10624

Baltimore, MD 21285-0624

(800) 638-3775

FAX (410) 337-8539

http://www.pbrookes.com

비디오테이프

▶ 나쁜 소식(Breaking the News)

by the Institute for Families of Blind Children (1990)

이 자료가 소아 안과의를 위해 개발되었다는 사실 때문에 제외시키지 않기를 바란다. 이 비디오는 짧고 강력한 비디오테이프로(15분) 진단정보 공유의 민감함과 어려움의 문제를 다룬 것이다. 열정으로 정보를 공유한다는 부분은 특별히 강력한 의미를 가진다.

Institute for Families of Blind Children

P.O. Box 54700

Mail stop 111

Los Angeles, CA 90054-0700

(323) 669-4649

FAX (323) 665-7869

http://www.institutefortfamilies.org

▶ 그는 무슨 색인지 알고 있어요: 출생~3세 자폐유아의 특성(But He Knows His Colors: Characteristics of Autism in Children Birth to Three)

by C. McClain & P. Osbourn (1993)

이 비디오테이프의 목적은 가족, 교사, 조기중재자, 다른 임상가들에게 자폐유아가 보이는 특성의 스펙트럼에 대해 교육하기 위한 것이다. 이 책에서 다양한 환경과 진단평가 상황에 있는 4명의 3세 이하 유아를 관찰할 수 있다.

Child Health and Development Media, Inc. (CHADEM)

5632 Van Nuys Boulevard, Suite 286

Van Nuys, CA 91401

(800) 405-8942

FAX (818) 989-7826

http://www.childdevmedia.com

▶ 초기의 협력: 부모가 참여하는 영아진단(First Years Together: Involving Parents in Infant Assessment)

by Project Enlightenment (1989)

이 19분짜리 비디오테이프는 몇 가지 목표를 성취한다. 이것은 부모들이 진단평가를 왜 좋아하고 왜 싫어하는지에 대한 부모의 관점을 제공한다. 이 자료는 형식적, 비형식적 진단평가 상황에서 부모와 협력하는 전문가의 모습을 보여 준다. 또한 진단평가가 중재를 계획하고 부모의 강점과 성취를 지원하는 기회로 사용되는 것을 보여 준다.

Project Enlightenment Publications

501 South Boylan Avenue.

Raleigh, NC 27603

(919) 856-7778

FAX (919) 508-0810

▶ 진단 후 과정의 개선: 가족과 팀의 협력(Improving the Post-Assessment Process: Families and Teams Together)

진단 후 정보공유와 중재계획을 위한 효과적인 가족중심 접근에 대한 가족과 전문가들의 의견이 이 비디오의 핵심을 이룬다.

by S. M. Moore, A. Ferguson, & W. Eiserman (1995)

Western Media Products

P.O. Box 591

Denver, CO 80201

(303) 455-4177

FAX (303) 455-5302

http://www.media-products.com

▶ 세 방향 대화: 문화적 중재, 해석자, 통역자의 효과적인 활용(A Three-Way Conversation: Effective Use of Cultural Mediators, Interpreters, and Translators)

by the Spectrum Project and Project A.C.T.(1999)

문화적, 언어적으로 다양한 배경을 가진 유아와 가족을 위해 진단평가 과정에 문화적 중재자, 해석자, 통역자가 참여하게 하는데 이는 필수적이다. 이 비디오테이프는 부모와 서비스 제공자 양쪽의 의견과 통찰력을 제공하여 이러한 자원들의 효과적인 활용을 탐색한다. 의사소통에 관한 짧은 사례는 문화적으로 적합한 진단평가에 관한 일침을 제공한다.

Western Media Products
P.O. Box 591
Denver, CO 80201
(800) 232-8902
FAX (303) 455-5302
http://www.media-products.com

▶ 초학문적 원형진단 과정: 팀을 위한 자원(Transdisciplinary Arena Assessment Process: A Resource for Teams)

by Child Development Resources, Inc. (1992)

이 43분짜리 비디오테이프는 원형진단을 위한 6단계의 가족 중심 초학문적 접근과 개별화가족서비스계획(IFSP) 개발을 보여 준다. 수반된 시청 지침은 초학문적 접근의 개요와 과정의 요약, 지원적 활동과 추가적인 자료들을 제공한다.

Child Development Resources (CDR)

P.O. Box 280

Norge, VA 23127-0280

(757) 566-3300

FAX (757) 566-8977

http://www.cdr.org

웹 자료

▶ 조기 판별(Early Identification)

National Early Childhood Technical Assistance Center

National Early Childhood Technical Assistance Center는 이 사이트에 다양하면서도 유용한 정보가 되는 자료들을 담고 있다. 주요 주제에 대한 출판(예: 적격성, 전문가의 임상적 판단), 기금의 지원을 받은 프로젝트로부터의 정보, 주 진단평가 실제의 예 등은 이 사이트에서 이용 가능한 정보들의 예이다.

http://www.nectac.org/topics/earlyid/earlyid.asp

▶ 어떻게 유아의 발달을 진단할 수 있을까?(How can I Assess the Development of My Preschooler?)

LD Online

이 소책자는 부모가 진단평가할 수 있는 발달 영역, 언제 부모가 진단에 전문가의 협력을 구해야 할지에 대한 견해, 더 많은 정보를 제공할 자원 등에 대해 설명하고 있다.

http://www.ldonline.org/ld_indepth/early_identification/parent_brochure.html

▶ 부모를 위한 새로운 비전(New Visions for Parents)

Zero to Three: National Center for Infants, Toddlers, and Families

이 웹사이트를 통해 이용할 수 있는 유용한 자원들은 부모에게 보내는 (발달적 진단에 관한) 편지, 안내서(New Vision: A Parents Guide to Understanding Developmental Assessment), 진단평가 과정을 준비하는 데 필요한 정보, 자주 사용되는 용어 리스트 등을 포함한다.

http://www.zerotothree.org/parent.html?Load=parent_intro.html

▶ 유아교육에서의 진단평가를 위한 추천 실제(출생~8세)(Recommended Practices for Assessment in Early Childhood Settings (Birth to Eight Years))

National Early Childhood Technical Assistance Center

John T. Neisworth와 Stephan J. Bagnato가 2001년 4월 발표한 이 사이트의 51개의 슬라이드는 진단평가에 관한 매우 풍부한 정보를 담은 자료이다. 이 저자들의 다른 진단평가와 관련한 다른 정보들을 링크해 놓았다.

http://www.nectac.org/topics/earlyid/RecPractices/RecAssessSlides/sld001.htm

▶ 전국 준비로 진단(Statewide Readiness Assessment)

National Early Childhood Technical Assistance Center

진단평가에 관한 발전적 측면인 준비도에 대한 다양한 자료(예: 입장표명서, 논문, 학회 발표자료, 웹사이트)를 이 사이트에서 이용할 수 있다.

http://www.nectac.org/topics/readiassess/readiassess.asp

▶ 장애 유아 진단에 편의시설 활용하기(Using Accommodations in the Assessment of Young Children With Disabilities)

California Institute on Human Services, Sonoma State University

이 사이트에서 제공한 전략은 교사가 장애유아들이 알고 있는 것과 할 수 있는 것을 보여 줄 수 있는 환경을 구조화하는 것을 돕기 위해 고안된 것이다. 이 자료는 진단평가 결과를 어떻게 최대화할 것인지를 고려할 때 유용하다.

http://www.regionvqnet.org/qnet/research/RI2002/pdfs/MMarticle.pdf

편저자 소개

Michaelene Ostrosky, Ph.D.
University of Illinois, Urbana-Champaign

Eva Horn, Ph.D.
University of Kansas

역자 소개

백유순

Ohio State University 특수교육과 졸업(Ph.D.)
현) 나사렛대학교 유아특수교육과 교수

〈주요 저서 및 역서〉
유아특수교육개론(2판, 공저, 학지사, 2009)
자연적 환경에서의 장애유아 교육방법(공역, 학지사, 2008)
유아특수교육론(공역, 박학사, 2004)
장애유아통합교육방법(공역, 양서원, 2003)

김진희

University of Illinois, Urbana-Champaign 특수교육과 졸업(Ph.D.)
현) 인제대학교 특수교육과 교수

〈주요 저서〉
특수아동교육의 실제(공저, 교육과학사, 2005)
정신지체아교육(공저, 양서원, 2002)

특별한 영유아
모노그래프 시리즈 4호
의미 있는 정보를 수집하는 진단평가

2011년 6월 5일 1판 1쇄 인쇄
2011년 6월 10일 1판 1쇄 발행

편저자 • Michaelene Ostrosky, Eva Horn
옮긴이 • 백유순 · 김진희
펴낸이 • 김진환
펴낸곳 • (주) 학지사
121-837 서울시 마포구 서교동 352-29 마인드월드빌딩 5층
대표전화 • 02-330-5114 팩스 • 02-324-2345
등록번호 • 제313-2006-000265호

홈페이지 • http://www.hakjisa.co.kr
커뮤니티 • http://cafe.naver.com/hakjisa

ISBN 978-89-6330-436-6 94370
978-89-6330-432-8 (set)

정가 11,000원

역자와의 협약으로 인지는 생략합니다.
파본은 구입처에서 교환해 드립니다.

이 책을 무단 전재 또는 복제 행위 시 저작권법에 따라 처벌을 받게 됩니다.

인터넷 학술논문 원문 서비스 뉴논문 www.newnonmun.com